心理育儿书系007

父母与孩子的心灵通路

一看就会的育儿图解

学童篇

帮孩子摆脱发育障碍的23项教养秘诀

（日）杉山登志郎　辻井正次　**主编**

梁铁丽　裴素玉　梁玉民　**译**

科学普及出版社

·北　京·

图书在版编目（CIP）数据

一看就会的育儿图解 ：学童篇 ：帮孩子摆脱发育障碍的23项教养秘诀 /（日）杉山登志郎，（日）辻井正次主编 ；梁铁丽，裴素玉，梁玉民译. —北京：科学普及出版社，2014.9

ISBN 978-7-110-08664-3

Ⅰ. ①一… Ⅱ. ①杉… ②辻…③梁… ④裴… ⑤梁… Ⅲ. ①儿童教育－家庭教育－图解 Ⅳ. ①G78-64

中国版本图书馆CIP数据核字（2014）第134390号

出版人	苏 青
策划编辑	任 洪
责任编辑	侯满茹
封面设计	欢唱图文制作室 吴风泽
排版设计	青青虫工作室
责任校对	韩 玲
责任印制	张建农
出版发行	科学普及出版社
地 址	北京市海淀区中关村南大街16号
邮 编	100081
发行电话	010-62173865
传 真	010-62179148
投稿电话	010-62103315
网 址	http://www.cspbooks.com.cn
开 本	787mm×1092mm 1/16
字 数	122千字
印 张	6.5
版 次	2014年9月第1版
印 次	2014年9月第1次印刷
印 刷	北京长宁印刷有限公司
书 号	ISBN 978-7-110-08664-3/G·3666
定 价	29.00元

（凡购买本社图书，如有缺页、倒页、脱页者，本社发行部负责调换）

目 录

第3章

另类宝宝的23项教养秘诀

学龄期应掌握的技能

本书出场人物

男生
小A

敏感、多动型

▶ 容易激动，难以控制情绪。

男生
小D

笨拙型

▶ 不擅长运动，不能灵活用手。不擅长学习。

女生
小B

老实、内向型

▶ 容易积累烦恼，不擅长集体活动。

女生
小C

迟缓型

▶ 虽然容易发呆，学习困难，但没有什么问题行为，不易引起周围的人注意。

男生小A
的爸爸

男生小A
的妈妈

男生小A
的弟弟

A 敏感、多动型的男生小 A

在喧闹的教室里特别兴奋，无法控制自己的情绪。

1 男生小A无法在课堂中保持坐姿

逐渐延长孩子注意力集中的时间。

2 烦恼时易闹情绪，甚至打人

3 不擅长打扫

问题点

有发育障碍的孩子连远处的声音也听得很清楚，因此而感到恐慌。有听觉过敏的话，一切声音都会给孩子造成刺激。

4 跑到操场角落的树下去

5

6

即使反复对男生小A说明别人的心情，他也不太理解，但是用算数对他讲解的话，他就很容易听懂。由于理解问题的方式不同，所以用适合孩子的方式来教育就显得尤为重要。

B 老实、内向型的女生小B

不太明白什么是为难的状态。

1

老实的女生小B擅长画画

2

集中精力画画时“听不到”任何声音

问题点

很难同时处理几件事情。

3

讨厌新事物和日程的变更

问题点

对外界变化带来的不安表现为“刻板”。

4

有许多不爱吃的食物

5

6

问题点

即使有过敏反应，也不知道怎样诉说自己的不舒服。

女生小B虽然不会表现得恐慌，也不会大闹，但她往往即使为难也不知道怎么说出来，并因此不断累积压力。她总是不安和恐惧，长期处于紧张状态。首先要让她学会放松身体，然后教她理解什么是“为难”的状态。

C 迟缓型的女生小C

常常发呆，学习进度慢。不向周围人表达自己的心情。

1 女生小C是慢性子，属于被动类型

2 虽然有一个朋友

3 却不叫朋友来家玩

问题点

在交流方面有待提高。

4

5 常常遇到学习问题

问题点

发现学习中的问题很有必要。

6 上课时发呆、不听讲

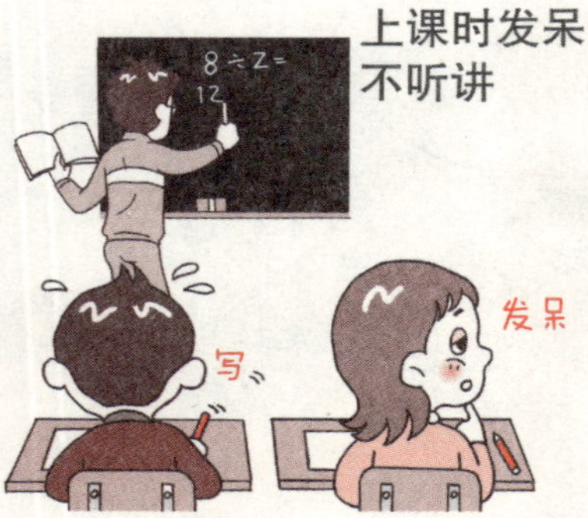

慢性子的女生小C是被动类型，对什么事都没有自信。在学习和日常生活中让她做好应该做的事，对做到的事要及时加以表扬，培养她的自尊心。这对孩子来说很重要。

7 **不显眼，容易被忽视**

问题点

即使发呆，因为不显眼，常常被老师忽视，错过应当学习的内容。

8 **跟别的孩子不发生矛盾**

9 **看上去容易相处，实际上凡事都由别人决定**

10 **往往别人说什么就做什么**

11

12 **及时表扬做到的事，确立自信**

D 笨拙型的男生小 D

涉及运动和动手操作的课程，无法顺利完成。

1

男生小D比较笨拙，不擅长运动

问题点

身体感觉出现问题可能会表现为笨拙。

2

字迹脏乱，别人看不懂

3

问题点

笨拙也会影响学习。

4

在手工课上

5

6

问题点

运用身体和手指的课程，成果怎样一目了然，一旦手工操作不顺利，自尊心就会受挫。

男生小D并不是“任性”，而是想好好做却无法做好而已。这时候，给予孩子理解很重要。一边提高孩子的自尊心，一边从头开始仔细地教孩子怎么做，这样能让孩子渐渐学会很多东西。

7

问题点

孩子自己想到的避免失败的方法，常被人误认为是任性。

8

掌握身体感觉训练

9

了解字的结构，就记住了

10

11

帮忙做家务、叠衣服

12

也是使用手指的练习

第1章

孩子的另类小毛病可以放任不管吗

如何理解发育障碍

首先，我们从发育障碍的基础知识开始讲起。

对于日常生活自理有困难的孩子，不要用“我的孩子有发育障碍”的观点想问题，而是本着“如何做才能改善孩子的生活质量”的宗旨来解决问题。

什么是发育障碍

● 你的孩子有这样的问题吗

也许，现实生活中，家长们往往存在着诸如“到目前为止我的孩子情况还不错”“将我的孩子归类于发育障碍不太合适”“我自己小时候也这样”的想法。但是，我们大家应该意识到的是，“发育障碍”的概念现在已发生了极大的变化。无论是否属于发育障碍，一旦孩子表现出行为困窘或不擅长的特性，应根据孩子的需要为其提供帮助。这样做一定会有益于孩子的身心成长，以及孩子将来更好地融入社会生活。

那么，哪些问题属于发育障碍呢？从发育障碍的定义来讲，广泛性发育障碍是一组发病在童年早期的心理发育障碍性疾病，指的是孤独症（自闭症）、阿斯伯格综合征、非特异性广泛性发育障碍、学习障碍、注意力不集中/多动症以及其他与此类似的大脑功能障碍所呈现的发育问题。一般情况下不包含智能障碍，但智能障碍性孤独症仍归类于此。

有调查表明，日本有6%左右的学龄儿童，或者说一

个班会有1～2人存在发育障碍，诸如学习障碍、 注意力不集中/多动症或孤独症等。总的来说，发育障碍儿童的数量，正呈现骤增的趋势。

目前，对于“障碍”的理解发生了变化。以往，主要将表面上就能看得出的异常，如视觉或听觉障碍、大脑智能障碍等定义为障碍。那些几乎没有智能障碍或是仅有轻微智能障碍的孩子，我们很难从表象上判断他们是否存在障碍。而且，这类孩子与正常发育的大多数孩子没有明显的区别。因此，以什么标准来定义“障碍”，迄今为止依然处于探讨的阶段。

● 及早帮助会让孩子终身受益

虽说如此，但是对于需要特别关爱与照顾的人群，根据他们各自的需求，必须实施相应支援与帮助。所以，让我们大家首先将此点牢记在心吧。

另外，也希望大家记住，环境的改善与适宜的处置可以使发育障碍发生改变。在发育期内，虽然有些孩子出现了明显的问题，但如果处理及时与得当的话，“障碍”可以变得不太明显，也不会造成什么困难，从而使有发育障碍的孩子有可能融入社会生活之中。

认可“不必消除障碍”的思考方式至关重要。虽然发育障碍本身会在注意力集中、社会活动以及学习能力等方面带来不利因素，但这些不利因素就像体质那样，可以认为是个人的特性所致。我们可以将孩子的注意力难以持续的特性，转换为下一个工作着手早的优势；可以将不达目的誓不罢休以及兴趣狭隘的特性，转换为对一件事情持之以恒的优势；可以将不擅长或很难做好事情的特性，通过给予帮助，加以改善。无论有没有发育障碍，依据每一个孩子的不同特性，为其提供相应的帮助，对孩子的成长来说，非常重要。

常见？问题点

孩子有点不对劲，就诊断为发育障碍吗

以提供帮助为目的而制定的判断标准与医生的医学诊断标准之间，存在着一定的差异。因此，我们并不能认为，没有医学上的诊断，孩子就无需接受帮助。

判断与诊断，为的是让孩子接受社会帮助，从而更容易融入生活。如果孩子有点不对劲，有些与众不同，我们不应该通过贴标签来诊断孩子有无发育障碍。

了解发育障碍的特性

● 另类宝宝的大脑天生有差异

近年来，有关儿童发育障碍的研究正在以日新月异的势头不断深入。其中，发现有发育障碍孩子的大脑天生与众不同的事实，是最具代表性的成果之一。

通过脑图像研究发现，孤独症（自闭症）人群与普通人群在5-羟色胺、去甲肾上腺素以及乙酰胆碱等神经递质相关的脑神经之间，存在明显的差异。另外还发现，两者大脑功能的活性方式也不同。

过去，人们曾将儿童孤独症归因于母子关系、生活养育方式等方面的问题。但是，当人们了解到大脑功能的差异之后，随即意识到以前的认知是错误的。现在，儿童孤独症是多因素疾病的学说已成定论。

有发育障碍的孩子，其大脑功能虽有差异，但并不意味着就一定“不能”。从信息处理方式不同可以断定记忆方式也不同，因此现在有一种推测，有发育障碍者也许是通过使神经辅路活性化，从而进行信息处理，并发挥其大脑功能的。也就是说，有发育障碍的孩子虽然用通常的方法行不通，但找到适合自身的方法之后，就可以由“不能”转变为“能”。

● “障碍”与“正常”之间没有明确界限

如前所述，与生俱来的大脑基础结构存在着个人差异。因此，即使发育障碍的诊断是相同的，每个人表现出来的状况也会有所不同。如果孩子具有感觉敏感但行动笨拙的双重特点，问题会变得更为严重，即使并不是特别够得上发育障碍的诊断标准。

因此，我们可以将发育障碍与一般人之间，想象为色调渐变的色谱，即谱系式分布方式。近年来，广泛性发育障碍已经被归类于以孤独症为核心的具有连续性特征的孤独症谱系障碍中。正常发育与发育障碍之间的界限并不清晰。从障碍表现较为强烈，到在社会生活中几乎没有困难，发育障碍的分布具有连续性特征。

我们将发育障碍比作酒来理解的话，可能会容易一些。发育障碍，有轻重之分，宛如酒有度数较高的烈性威士忌与度数较低的柔和葡萄酒那样。而且不仅酒精浓度本身存在差异，酒喝到体内的稀释程度及表现情况也会因人而异。

以怎样的视角看待发育障碍

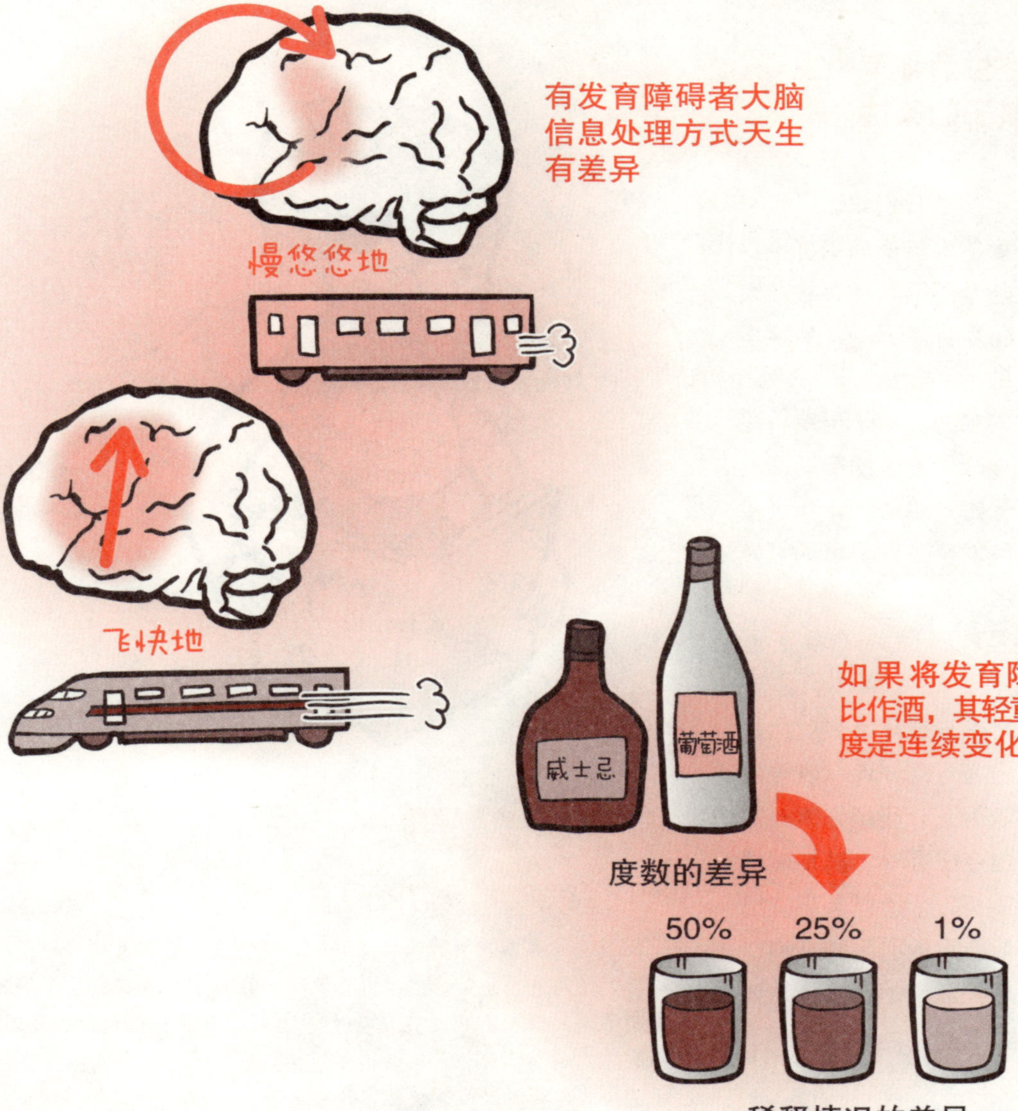

早期成长环境至关重要

● 在生活细节中发现孩子的天性

上一节我们论述了发育障碍者的大脑基础结构不仅天生与众不同，还存在较大的个体差异。另外，环境与经历的不同，也会造成个人差异的加大。孩子早期阶段是否接受了适宜的帮助，或是否受过“虐待”，会直接影响到发育障碍状态的好转或恶化。

有发育障碍的孩子原本拥有的天生特性，应该说，是在成长环境中以症状以及行为方式一点点表现出来的。因此，我们应该一边理解当今研究对大脑基础结构的解析，一边思考环境给孩子所带来的有利或不利影响。后天环境的影响也是至关重要的。

常见？问题点

到什么程度才算有障碍

发育正常与发育障碍是毗连的，从哪里开始算发育障碍，从哪里开始算发育正常，界限并不明确。现实中，有些人虽然具有发育障碍的特征，但是在社会生活中却几乎没有碰到什么困难，而有些人则满怀痛苦，生活得很艰辛。当一个人出现对社会生活不适应的症状时，往往被认定为有障碍。

● “进步慢”并不意味着“不能”

本书中所讲的个体差异，指的不是孩子针对某件事能做到与不能做到这种差异，而是指在学习某种东西或是在掌握某项技能的过程中，可以自然快速地跟上步伐与努力找到适合自身学习方式后才不掉队这类行为方式上的差异。如果将这样的差别视为“障碍”的话，那么，这种障碍绝不意味着“不能”。因为孩子学习的过程虽然不同，但最后都可以到达相同的终点。

所有的孩子，都有各自的强项与弱项，但每个孩子都是无法替代的无价之宝。在“理所应当与别的孩子一样”的思想前提下，家长仅会专注于孩子的“不能”。但是，如果在“每个孩子都有弱项，较弱的地方可以给予帮助或指导”的思想前提下，家长就可以专注于孩子“怎么办才能做到”，也就可以认识到，给予孩子一些建议与说明，有效地给孩子传授方法是家长应当做的。

有发育障碍的孩子有的从外观上很难辨别，所以常常遭到“为什么别的孩子会，就你不会呢”这类训斥。对有社会性发育障碍的孩子说“一定要和大家做得一样”，就如同对失明的人说“你看……”一样不可理喻。但这并不是说孩子与大家步调不一致就可以放任不管。孩子在掌握正确的行为方式之前，家长应该在传授方法上找窍门，开动脑筋。耐心细致地传授方法，对正常发育的孩子来说，也是十分必要的。

常见？问题点

接受治疗的话，可以痊愈吗

发育障碍的特性与天生的体质一样，会伴随终身。为了控制严重的问题行为，作为权宜之计，必要的时候也要用药，但不能从根本上去除发育障碍的这些特性。有发育障碍的孩子通过掌握调整行为方式、改善环境的本领，可以做到适应社会，生活得丰富多彩。

我家孩子属于哪种类型

● 无论诊断如何，现实中的帮助至关重要

为了帮助孩子发挥自身特长，周围的大人就要注意发现孩子的特征。当然，还必须明白，孩子固有的特征绝不是家庭教育造成的，也不是学校指导方面的问题造成的。

让孩子接受医学诊断（表1.1为儿童发育障碍的主要表现），有助于使孩子得到家庭和学校等周围人的理解和帮助。另外，在某些情况下，接受诊断有利于借助福利制度等方面的力量。但要注意，对孩子的教育从孩子出生就开始了，并且要一直持续下去。向孩子持续地提供现实的帮助是很重要的。

由于有发育障碍的孩子大脑结构与普通人有一些不同，所以在学校的日常社会生活中，有发育障碍的孩子可能会遇到一些困难。患有孤独症的孩子通常难以理解别人的意图和身处的场合，难以自然地理解眼前的状况，容易与人发生矛盾；患有注意力不集中/多动症的孩子难以维持注意力，不擅长自控；患有学习障碍的孩子虽然智力发育没有问题，但在阅读和计算的学习中容易失误。

表1.1 儿童发育障碍的主要表现

医学诊断名称	主要表现
精神发育迟滞	语言等智力发育明显落后
孤独症	社交、交流、想象力等方面存在困难
注意力不集中/多动症	注意力不集中、多动或冲动，或两者兼有
学习障碍	读、写、计算的任何一项或多项存在困难
特定性语言发育障碍	理解别人的语言，或自己的语言表达存在困难
特定性运动功能发育障碍	手指等部位的精细活动极度笨拙

发育障碍孩子的性格及行为特点

兴趣点、关注点偏颇

交流困难

- 不擅长语言表达
- 很难同时处理多个信息

感觉迟钝或敏感

细节记忆极好

- 有着照片一般的记忆

多动、心神不宁

动作缺乏协调性

我家孩子是哪种类型

很多时候，家长不愿承认遇到了难题，或出于对“障碍”的偏见，导致他们拒绝带孩子进行诊断和咨询。但是，如果否定孩子有发育障碍这一事实的话，不仅孩子自身的生活技能训练跟不上，甚至孩子有受虐待的风险。

家长可以想一想自己小时候是不需要教就能自然而然地学会，还是必须让人从头教才能学会？这样一来，会不会有种恍然大悟的感觉？采取“孩子是哪种类型，就用哪种教育方式”这种积极的思考方式，创造有利于孩子发育的环境，是第一步。

家庭与学校相互理解

理解孩子，并创造适合孩子的环境，就要求家庭与学校双方相互理解。孩子做出了让人头疼的事，教师责备家庭“家教不好”不能解决问题，家长指责学校“明在家里没有问题，都是学校教育的责任”也不能使情况有所改善。为了让孩子学会自控和随机应变，家长和老师都要用这样的态度来训练孩子：不管在哪里都要认同孩子自身的努力，并对孩子加以鼓励。

常见？问题点

诊断的目的是提供更恰当的帮助

发育障碍的表现具有连续性的特质，所以难以清楚地分辨障碍与正常之间的界限。另外，在孩子的发育过程中，发育障碍的症状也会发生变化，因此，现实中存在误诊或在孩子成长的过程中诊断发生变化的情况。诊断的目的是为给孩子提供正确的帮助，让孩子今后可以更容易地融入生活，所以不要拘泥于医学诊断，而要思考如何给孩子提供切实有效的帮助。

问题行为的背后有原因

家长和老师都了解孩子的特征之后，下一步是训练孩子掌握生活技能。

多数人在教育有发育障碍的孩子时，通常是一味地关注孩子的问题行为，结果往往是对孩子发怒。但是，站在孩子的角度考虑就会发现，这些令人头疼的行为背后都是有原因的。

例如，由于身体调节能力弱，不能长时间保持在座位正坐的姿势，孩子就会不停地扭动身体。还有，孩子因为无法忍受教室的喧闹，躲在狭窄的桌子下以令自己安心。如果没人教给孩子记笔记的方法，孩子自己无法自然而然地学会。

特别是孩子陷入恐慌状态时，对孩子说什么也无法让其理解，这时首先要减少对孩子的刺激，让孩子恢复平静。总之，孩子做出这些令周围人困扰的行为有自己的理由。如果这时候

常见 ? 问题点

我家的孩子“正常”吗

有些家长会说，孩子在家的时候很正常（无需特别帮助），这里“正常”究竟指的是什么状态呢？对于这个问题，能够回答上来的人并不多。婴儿期，孩子的行为较容易控制。在幼儿园或保育院，也不要求孩子有多高的集体生活能力。但是小学却不同，它意味着正式的集体生活开始了。孩子必须遵守集体生活的规则，此外，不断变化的刺激比比皆是。比如，自己管理物品，按照课程表学习，和同学搞好关系等。与幼儿期相比，对孩子自身能力的要求骤然提高。如果发现孩子有什么焦虑不安，家长要尝试进行咨询。

训斥孩子，只会让孩子不知所措。不教给孩子正确的处置方法，孩子的行为是不会改善的。

与小朋友发生意见分歧而生气，在动手殴打小朋友之前，意识到自己的情绪波动并进行深呼吸就可以了；与小朋友说话的时候，认真听对方的意见，才能明白自己的意见有没有确切地传达到对方那里……孩子只是不懂这些道理而已。对孩子加以指导，让孩子记住处理的方法，比起无谓地对孩子发火要有用得多。

不要用“矫正问题行为”这种负面的思考方式，而是要耐心训练孩子的能力，逐渐增加孩子会做的事情，用正面的观点看问题。因此，不能让孩子感觉“被强迫”，而是让孩子在做好一件事之后感到“很有趣，很快乐”。如果孩子做事的时候总想着“反正我就是个废物”的话，是无法顺利做好一件事的。让孩子建立“做做看”的想法，构筑与孩子之间的信任关系，是教育孩子的大前提。

孩子问题行为的背后有原因

- 为适应环境而采取的行为
- 陷入慌乱后为了避免慌乱而采取的行为
- 学到了错误的知识而导致的行为
- 无法自然学会的行为

所有孩子都应掌握的技能

首先掌握初步技能

日常生活自理 ► P.38~47 ······► 使日常生活便利的技能 ► P.46
放松的方法 ► P.48
运动身体 ► P.50 ······► 保持姿势（坐姿） ► P.54；灵活用手 ► P.52
遇到困难时求助 ► P.62 ······► 双向交流 ► P.64
针对感觉过敏的对策 ► P.58
个人喜好偏执的调整 ► P.56

下一步掌握的技能

使日常生活便利的技能 ► P.46
保持姿势（坐姿） ► P.54
灵活用手 ► P.52
双向交流 ► P.64
↓
沟通、调节情绪的技能 ► P.66

同时要努力做到的事情

了解自己的情绪 ► P.68 → 对愤怒、焦虑情绪的调整 ► P.70～73
了解自己 ► P.80 → 顺利融入集体 ► P.82
学习的技能（读写、算数、记笔记的方法） ► P.74～79

这些事情，对这类孩子尤为重要

敏感、多动型

放松的方法 ► P.48
针对感觉过敏的对策 ► P.58
对付注意力分散的方法 ► P.60
保持姿势（坐姿） ► P.54
收拾整理 ► P.44
对愤怒情绪的控制 ► P.70
双向交流 ► P.64
沟通及调节情绪的技能 ► P.66

偏执型

遇到困难时求助 ► P.62
放松的方法 ► P.48
对焦虑情绪的控制 ► P.72
双向交流 ► P.64
沟通及调节情绪的技能 ► P.66

迟缓型

遇到困难时求助 ► P.62
日常生活自理 ► P.38～47
学习的技能（完成课业） ► P.74~79
双向交流（表达自己） ► P.64
使日常生活便利的技能 ► P.46
对焦虑情绪的控制 ► P.72

笨拙型

运动身体 ► P.50
使用手和手指 ► P.52
收拾整理 ► P.44
学习的技能（记笔记的方法） ► P.78

注：现实中，类型之间的区别并不明显，孩子有可能同时拥有几种特征。

第 2 章

为了孩子将来能快乐地生活

现在该做些什么

本章主要以家庭为中心，阐述照顾孩子的基本方法。为了让孩子将来能够愉快地生活，先考虑现在能做到的事情吧。

不当育儿方法的危害

● 做不到就斥责不适合有发育障碍的孩子

当孩子具备与年龄相符的能力时，往往认为理所应当，不会得到鼓励和表扬，相反，当孩子的能力达不到父母的要求时，就要受到斥责，这是现在非常常见的育儿方式。有的孩子可以自然领会大人的要求，但有发育障碍的孩子却往往难以理解话题的背景，不知如何是好。如果我们只是一味地指责，孩子除了承受数落外，不会有任何收获。

这种育儿方式不适合那些在社会生活中有困难的孩子。如果不改变育儿方式，越是一如既往地专注育儿，越会适得其反，只会陷入对孩子的数落中。同时，孩子会受到伤害，在心中加深“自己不好，自己不行”的烙印。

孩子的这种不知原因就被训斥的经历，会导致其出现精神错乱状态，从而增加孩子适应周围环境的难度。

当被告诉不可以做某事时，即使孩子注意了自己的言行，但如果不知道怎么做才是对的，孩子的行为依然无法朝着好的方向发展。如前一章多次论述的那样，如果教育方式不适合孩子，只会增加孩子受伤害的经历。

● 现代社会重视沟通能力

读懂与感知所在场合氛围的能力在现代文化环境中越来越受重视。这种不成文的默认规则，对于众多欠缺社交能力或有发育障碍的人来说，无疑是难以适应的。

现在服务业越来越繁荣，与他人的沟通能力也因此变得倍加重要。所以，在职场因无法与别人进行顺畅的交流，被冠以“低能”的情况不在少数。现实中，我们应该谨记发育障碍受文化与社会价值观影响。也就是说，在一种文化下，不被视为问题的状况在另一种文化中却被问题化。在当前这个重视交流的社会，对有某种特质的人来说，也许是“难以生存”的。

但是，即使是不善沟通的人，也可以认真做好自己的工作：埋头苦干，持之以恒，或工作技艺比别人更胜一筹。

发现并施展自身的长处，对日后过上幸福生活极为重要。为此，从孩童时期开始，就应将“不断拓展能力”作为帮助孩子成长的长期视点。

这种教育方式不适合有发育障碍的孩子

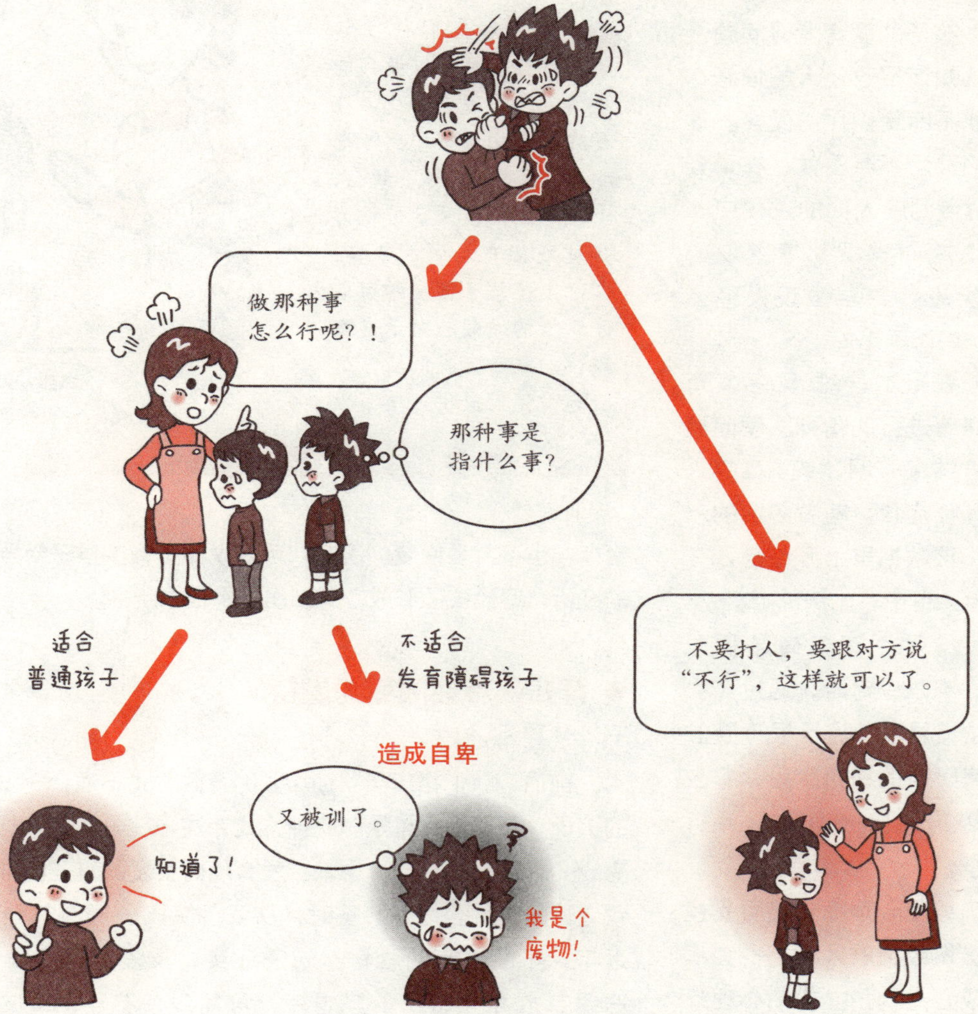

懂事的孩子会从训斥中学会道理，但有发育障碍的孩子很难明白别人的意图，甚至不明白自己为什么被训斥，并会因此受到伤害。不要训斥孩子，教给孩子处事的方法才是最重要的。

发育障碍带来的继发心理障碍

孩子的发育障碍问题没被认知而招致他人的恼怒，由此不断受训斥与受挫。这样的经历不断重复，在青春期过渡到成人期的过程中，会造成心理抑郁等继发心理疾患，甚至出现拒绝上学、闭门不出等情况。

在日本，对550名发育障碍者进行的精神医学问题调查结果表明，约17%的人有抑郁症状。随着年龄的增长，该数据呈上升趋势，在成年人群中，比例过半。

继发心理障碍越积越多，难以应对时，通过药物疗法减轻精神症状很重要。发育障碍的初始阶段，极少量用药会比较有效，并且安全。

继发心理障碍随着受挫与受伤经历的累积，多会演变成心身创伤。借助心理疗法处理心身创伤至关重要。但是，心身创伤会在心中留下极深的烙印，即使进行了治疗，也不容易恢复。因此，可以说尽量减少孩子受挫与受伤的经历，不让孩子形成心身创伤才是根本所在。

常见？问题点

理所应当就会做吗

成年后我们往往认为，自己自然可以做到的事情，别人也应如此。孩子在发育的过程中，渐渐学会了走路、吃饭、说话、去洗手间，但这些被认为是理所应当会做的事情，实际上是孩子逐一学习后才掌握的本领。对于发育较慢的孩子，我们应该耐心地为他们提供一些有效的建议。

育儿困难会演变为虐待

前面，我们指出了“训斥”的育儿方式不适合有发育障碍的孩子。事实上，越是以此种方式专注于孩子教育，越容易演变成“虐待式教育”。原本由发育障碍引发的育儿困难，会导致虐待的发生。虐待严重时，甚至会使孩子形成其他障碍。近年，不断进步的脑科学研究证实，反复经受极端暴力、恶语、放弃（忽视）等虐待，可能致使孩子出现脑发育损伤。有数据表明，受过虐待的孩子大部分都呈现出发育障碍的表现。

是否属于虐待，这个问题难以界定。但是，我们并不能认为“我不想虐待孩子，只是给予教育”，所以就认为育儿方法没问题。在原本就比较弱的孩子身上施加严厉训斥，实际上就或多或少地构成了对他们的伤害。这一点，我们不应忽视。

我们应该认识到，除了大脑结构的天生差异因素外，受到虐待这样的后天经历也是孩子出现发育障碍的一大要因。

要铭记在心的是，家长的育儿方式，将决定孩子的未来。

● 放任不管是最该摒弃的育儿方式

“看看再说吧，慢慢就会了”，这种凭借主观的臆想采取的放任不管的育儿方式，是最应摒弃的育儿方式。孩子如果有“不能顺其自然就明白”“很难做好”的特性，对此，大人只观望的话，孩子不仅不可能掌握应具备的本领，而且错误方法的累积还会导致孩子出现自我人格的扭曲。

随着年龄的增长，孩子会逐渐意识到“为什么只有我总受挫”“为什么只有我被人烦，总交不到朋友”这样的问题。这种情况下，孩子难以建立自信，而且常有“反正什么都做不好”的想法，进而出现自暴自弃或反向思考的行为，认为“周围和社会很恶劣”，从而形成不正确的现实观。

即使是发育正常的孩子，在青春期也会出现迷茫与混乱的现象。所以，有发育障碍的孩子反复重复错误的方法，情绪被复杂化，因此受到伤害更不足为奇。正因为如此，尽量在第一时间内，与孩子达成正确的共识，不断地发现积极向上的解决对策尤为重要。

错误育儿方法举例

为什么
做不好？
什么都
不做吧。

看看她的
笔记吧。
让别人替
自己做。

用暴力
解决问题。

给我反省！
总是惹
大人生气。

今天
你值日。
哎，
但是我……
随便找
借口不
做事。

常见？问题点

放任不管，慢慢就能学会吗

发育正常的孩子，不用说就可以明白当时的要求，也可以自然而然地学会。而有发育障碍的孩子，因为有理解困难这个认知特性，如果得不到有效的指导，就什么也学不会。在这方面，家长若有担心的话，请不要对孩子的情况放任不理，首先应该从接受心理咨询开始。

● 创建健康向上的家庭关系

在家庭中，即使孩子不懂事，或者孩子爱惹麻烦，家人也会迁就，这就构建了家庭特有的规则和家庭关系。幼儿期孩子还不怎么需要应付集体生活和人际关系，所以那时候从表面看没有什么大问题。

但是，即使表面上看起来没有问题，由于家里特有的规则，孩子也有可能认为“周围的人都应该顺着我”或认定“我是个废物”。如果长年累积下去，家庭关系又固化了这些误解，这时再要改变孩子与周围人的相处方式就很难了。假如意识到孩子有不对劲的举动，一定要及时咨询并用适当的方法加以纠正，让孩子健康成长才是最重要的。

常见？问题点

会这个，就一定会那个吗

有发育障碍的孩子，擅长与不擅长的领域差异很大。这样的孩子有些智力水平较高，学习成绩优秀，所以，旁人常倾向于认为“这些孩子如果做就一定会”。但现实中，这方面行，并不意味着那方面也行。在训斥孩子之前，请停下来思考一下，家长自己是不是也有不擅长的地方。

育儿是一项长期的工作

● 育儿不当带来的连锁影响

如前所述，在青春期出现较严重的心理疾患者中，发育障碍者的比例相当高。孩子的发育问题实际上始于婴幼儿期。在孩子婴幼儿阶段，家长毫无根据地认为“还小”“看看再说”“没问题”的不当育儿方法反复使用，会引起不良的连锁影响。孩子入学后，即使显现出在集体生活中的诸多不适，但多以“家庭教育不够”这样的理由来推脱，使孩子无法接受必要的帮助，造成孩子暗自降低自我评价。

尽管如此，如果孩子没有出现拒绝上学等严重问题的话，学校也仅仅停留在“还有类似的学生”“不会的孩子不止他一个”的处理。现实中，孩子毕业后问题加剧的案例并不鲜见。

发育是有一定方向性的不断积累

孩子发育的行进步伐因先天因素以及成长过程中的环境因素不同，存在着个人差异。像一步一步走上台阶那样，发育是按照一定顺序循序渐进、不断累积的过程。

● 人生是一个不断积累的过程

育儿是一项长期的工作，在育儿的“长征”途中给予持续性帮助对孩子极为重要。持续性帮助并不是指接受医学治疗，而是指在孩子的日常生活中为其提供多样化的支援，且这些支援随孩子生活舞台的实际情况适时变化。这种持续性帮助要长期参与。

当前状况是我们每个人到此为止走过的人生累积，成人期是青春期的累积，青春期是学龄期的累积，学龄期是婴幼儿期的累积。“看看再说，不久就会好”，抱着这样的想法而对孩子放任不管，就会埋下祸根，因为孩子长大后不可能突然间行为举止得当起来。另外，即使现在看不出孩子有什么问题，但“没什么问题”的水准与“可以自立”的水准截然不同，这个时候没问题并不意味着今后万事大吉。为了孩子将来能适应社会，可以过上丰富多彩的生活，对孩子来说，不断拓展所需技能无比重要。

常见？问题点

训练是为了让孩子过上正常生活，对吗

监护人过于努力地强迫孩子过度训练，这并不是合适的做法。技能训练，是为了让孩子学会必要的技能，过上快乐、稳定的社会生活。也就是说，训练并不是为了治疗疾病，是为了让孩子过上正常生活，并且训练不可能在短期之内结束。我们在给予孩子帮助时不能仅仅关心孩子“做得好不好”，而是要让孩子感到“学习技能很快乐”。

● 育儿要在细节上下功夫

虽然大脑基础结构的天生缺陷无法改变，但是，因差异所致的困窘行为却可以得到改善。如果有发育障碍的孩子知道“这个时候这么做就好了”，将有可能减少他们在日常生活中的困难。因此，在育儿细节上下功夫，实际上是发育障碍孩子养育的核心内容。理解了发育障碍的特性，明白与发育障碍者共鸣非常重要，但这并不意味着“因为有发育障碍，所以不会也可以”。有时候，符合幼儿园的要求，不一定就符合学校的要求。未来生活的舞台，需要必要的行为规范。在必要的场合，我们应该告诉孩子如何做，但是如果孩子不能将其付诸实践的话，他们今后也难以过上快乐的生活。

孩子的行为是可以改变的

●刻板行为
●粗暴行为

任性的孩子

●礼让待人
●微笑待人

温和的孩子

“性格”固然不易改变，但“性格”是许多“行为”的集合体，而这些行为是可以逐渐改变的。

● 培养孩子解决问题的能力

不能强迫孩子进行技能训练，要让孩子自己主动参与。为此，就要让孩子在训练中体验到快乐，让孩子因学会一件事后受到夸奖而心情变好。一般来说，孩子即使学会做事，周围的人也往往认为这是理所当然的，但是孩子做不好就会被训斥。如此一来，这些孩子很少受到夸奖。有发育障碍的孩子遇到困难时通常用自己独有的方式应对，别人干预时，他们会产生反感。有时仅仅指出问题，他们就会陷入混乱；对他们提出如何做更好的建议，他们也会感到自己被全盘否定。所以，对发育障碍者提出技能训练要求时，最好说明“并不是现在的你不好”，而是“你一直都这么努力，为了这些努力不白费，要不要试试让你更顺利的方法呢”。为了让孩子自发地加入训练，成人有责任为孩子创造适宜的环境，并适度表扬和鼓励孩子。

◀ 对学龄期发育障碍孩子的帮助方法 ▶

- 不要关注孩子的问题行动，而要教给孩子如何做
- 孩子做不好的事，必须教给孩子怎样做好。放任不管，孩子是学不会的
- 教孩子的时候要花心思，用普通的教法很难教会有发育障碍的孩子
- 弄清楚孩子的特征
- 弄清楚现在孩子会做的和不会做的事
- 对孩子给予评价要简单明了
- 要让孩子体验到成功的快乐

亲属的心理健康也很重要

妈妈发生心理抑郁的风险高

为了帮助孩子可以自己解决问题，保持生活状态的稳定，改善全体家庭成员的心理健康状况也非常重要。

因为有发育障碍的孩子会在日常生活中不断地制造各种问题，很多抚育有发育障碍孩子的父母，除了接受障碍这个事实，确保稳妥地给孩子提供帮助之外，还面临着巨大的精神压力，会对自己提出像“难道是我的教育方法不好吗”“为了这孩子，难道要牺牲全家人的正常生活吗”这样的质疑。因为无法得到幼儿园、保育院的工作人员，甚至家庭成员的理解所产生的孤独感，以及像“父母去世后，谁来照料这个孩子”这样的担忧，对孩子的未来极度担心。因此，家长自身容易出现心理健康问题。研究表明，孤独症孩子的家长，面临着心理抑郁的更高风险。另外还发现，发育障碍孩子的妈妈，心理抑郁的概率是一般女性的10倍。

家庭其他成员往往也有心理问题

家庭成员同时有发育障碍特征或倾向的情况并不少见，考虑到孤独症等发育障碍是与遗传因素息息相关的多因素疾病，也就不足为奇了。

当家庭内多个成员表现出发育障碍特征时，相互关系以及各自所面临的挑战将会错综复杂，彼此牵扯，使问题更为严重。针对从育儿难发展至虐待这类严重案例的研究表明，妈妈本人的发育障碍问题对这种情况的发生有更大的影响。

我们需要区分思考：父母的心理健康问题是由自身的特性所致，还是因为抚育发育障碍孩子所累积的压力造成的。无论是哪种情况，大家将精力集中在孩子身上的同时，顾及一下易被忽略的家庭其他成员的精神状态，也十分重要。有很多时候，家长自身的心理健康问题比孩子的发育障碍问题更为严重，并因此阻碍了孩子的顺利成长。

家长状态不好，难与孩子建立和谐关系

人在抑郁状态下不仅对各种事物的参与意识下降，而且对事物的看法也变得消极。这种情况下，当孩子告诉家长自己想要做好事情时，家长往往甩出诸如“像你这样不怎么样的

孩子”等否定性言语，甚至因为无法控制自己的情绪，对孩子进行无端的谩骂。现实中，上述情况并不鲜见。

如果家长自身心理不健康的话，家长与孩子间的关系将会恶化。当感到巨大的心理压力时，许多人都会出现失眠症状，精神方面的不适多由睡眠问题表现出来。通常来说，失眠持续一个月是发生抑郁症的征兆。当失眠问题严重时，家长应该通过接受医疗诊治等方式来改善自己的精神状态。家长能够客观地理解自身的情况以及家人的现状，孩子才能得以安心稳定地生活。

孩子的发育速度因人而异。育儿是一项长期的持续性工作，累了的时候，不要勉强自己，也不要过度努力，这点很重要。因为一个人绝对承担不了所有的责任。让我们牢记一个宗旨：育儿的目的是为了孩子与全家人可以快乐地生活。

常见？问题点

孩子有发育障碍，就没办法吗

了解了孩子行为异常的原因后，就“预见了”那些令人担心的事。如果袖手旁观，不告诉孩子如何采取正确行动的话，接下来，孩子必将陷入困境。某种场合允许的言行，并不意味着所有场合都允许。对于有发育障碍的孩子，通常的教育方法行不通，开动脑筋想出有针对性的方法则可以奏效。所以，让我们一起思考“怎么办才可以使孩子做好吧”。

家长应接受相关培训

点燃对育儿生活的希望

无疑，在有发育障碍孩子的技能拓展过程中家长的作用非常重要，但是，很多家长都因育儿压力以及因解决各种问题所感到的疲惫，处于不自信的状态。所以，家长重新冷静地审视现状，对育儿生活点燃希望之火最为重要。家长培训就是为此而设的一个辅助性支援。

就对孩子所进行的技能训练，要整理一下思绪，诸如“孩子现在都学会了什么”“接下来打算掌握什么本领”等，并加以分析、思考。参加研讨会，一边听取专家及其他家长的意见，一边学习，对家长来说是不错的选择。在此，我们先来看看如何整理思考方式。

学会观察孩子的行为

尝试改正帮助孩子的方式，不要将焦点集中在性格等抽象的事物上。通过校正“行动”，既易使孩子弄懂，又容易将其改变。因此，首先要尽可能具体地把握孩子的行动。

所谓行动，即做什么事

指出“不做某事”不是行动，说明“不做这个，而做那个”才是行动。

X 收拾
X 收拾玩具
√ 将玩具收拾到玩具箱中

X 任性
X 任性地吃东西
√ 不要只吃自己喜欢的东西

将行动的意义一分为三思考

弄明白原因和结果是找到对策的途径。

男生小A把其他食物吃完后只剩下了青椒，他居然把食物扔到桌子下。

分析原因
- 预测行动的发生
- 事先做好准备

行动前（原因）	行动	行动后（结果）
只剩下青椒	把青椒扔到桌子下	不吃青椒也不扔掉

关注结果
- 弄明白孩子的真正愿望
- 找到行为背后的确切原因

● 发现孩子可以做好的事情

下一步，就是确认孩子“可以做好的事情”。多数情况下，人们并不清楚孩子可以做到什么程度，所以，有意识地确认孩子“可以做到的事情”非常重要。

从清晨起床到夜晚睡觉，梳洗打扮、吃早饭、打招呼等逐一列举，会意外地发现，孩子可以做好的事情还真不少。将这样列举的行动表，按照日常生活、交流等分类，“哪些可以做好，怎样采取对策，接下来的挑战是什么”就一目了然了。

● 多加尝试，找到解决问题的窍门

在确认孩子“可以做好的事情”这一过程中，同时还可以发现孩子“做不好的事情”以及“为难的事情”。任何人都有为难的或是做不好的事情，但这并不意味着事情会百分之百变坏。为了避免糟糕的局面，要开动脑筋，想方设法。

做到勉强过关即可

“可以做好的事情”，并不意味着要比别人做得出色。孩子努力做的事情，即使水准勉强过线，都应将其视为适度的行动。

不要持有“与一般孩子对比怎么样”的心态，只要孩子为解决问题付出努力，就应该予以充分的肯定。

◀ 为孩子“正在努力做的事”开动脑筋 ▶

即使孩子有不会做或做不好的事，也不是一无是处。为了帮助孩子解决为难或做不好的事情，要用心想办法。

母

为难的事		为此努力		结果
体型变胖 衣服穿不下	▶	开始运动	▶	每天坚持运动 保持适度体重

子

为难的事		为此努力		结果
抢小朋友 的玩具	▶	尝试说 “借我玩玩”	▶	与小朋友 和谐相处

用夸奖帮助孩子成长

● 表扬、认可更利于解决问题

把握孩子的现状，弄清楚应该解决的问题，在日常生活中开展各种亲子实践行动。让孩子掌握用餐、大小便的方法，学习怎样交流，目的是帮助其顺利成长。为了孩子能够顺利地攻克难题，周边的大人应该为其提供恰到好处的帮助。当家长提议做什么的时候，失败经历较多的孩子多会拒绝。这时候，让孩子做到“试图努力”是首要任务。因此，发现孩子正在努力的事情，及以往曾努力的事情，都要给予及时的认可、赞扬，此点极为重要。

● 创造有利的环境

为了让孩子更易于学到本领，为其创造可以安心的环境是一件极为重要的事情。有效的教诲与指导是有技巧的。

● 帮助要恰到好处

帮助孩子遵守指令与规则很重要。但是，如果给予的帮助太多，就会造成孩子被动等待指令的情况，从而失去干劲。相反，如果给予的帮助太少，孩子又会重复失败的经历，从而失去自信。所以，家长要做到不过度提供帮助。给予什么样的帮助视情况而定，帮助从多逐渐减少，直到孩子能够独立完成。

创造有利环境的窍门

- 事先说明日程安排
- 以示范来展示指令与规则
- 去除孩子不喜欢和不擅长的东西
- 帮孩子理清思绪
- 加入孩子喜欢的东西
- 在道具方面下功夫

达成有效约定的窍门

- 从简单并立刻就可以遵守的约定开始
- 最初特意约定孩子已经会做的事
- 反复确认
- 为孩子遵守约定提供适当帮助
- 孩子遵守了约定就要大加赞扬

降低夸奖的门槛，将失败的体验转变为成功体验

例　男生小D与妈妈约定独自去上学，并独立做准备。但是他迟到了几分钟，所以到了学校后他没走进教室，而是自己返回家了。

你都收拾好了，却没完成约定！你在干什么？！

产生了不愉快的结果。孩子好不容易做到的事也不再做了。

自己走到了学校，很努力了。而且你还自己做了准备，真棒！

产生了愉快的体验，就会激发孩子的积极性。即使没做好，在教育时也要注意保护孩子“下次再试试”的积极性。

有效夸奖孩子的方式

- 在良好的行为后立即表扬
- 使用孩子能听懂的语言和表达方式
- 使用适合孩子的表扬方式
- 具体指出做得好的地方

同样的场合，孩子行动后父母的不同反应会直接影响孩子行动的意义。“夸奖”这种积极向上的参与方式，会促使父母与孩子的关系变得融洽，也会令孩子对自己充满信心。

来自兄弟姐妹的理解

● 兄弟姐妹的理解很重要

有发育障碍的孩子，其兄弟姐妹有时会被同龄孩子嘲笑或欺负。兄弟姐妹间的关系也可能因此受到伤害。兄弟姐妹为了逐步减少关联，多数会选择与其保持距离。哥哥姐姐的活，与家长的观点比较接近，大多都会与发育障碍者保持亲密关系，相反，弟弟妹妹却很难表示出理解与同情。

成人后，要想修复已经破裂的关系绝非易事。为了使发育障碍孩子顺利成长，一定要促进包括兄弟姐妹在内的全体家人的和睦关系。

● 和睦的关系要共同努力

共同努力能更好地帮助孩子积极地融入周围环境，但有时父母会特别照顾有发育障碍的孩子，这在别的孩子看来，父母似乎成了有发育障碍孩子的专属。

兄弟姐妹有自己的人生，没有必要以牺牲自我来充当保护人的角色，适度地保持一定距离是无可厚非的。

家长无论怎样都会将注意力集中在有发育障碍的孩子身上，并且期待兄弟姐妹也能为其多做些事情。兄弟姐妹想与父母多些接触与交流，但有时又无法表达。兄弟姐妹不必充当保护人，而

是应该一边过快乐又多彩的生活，一边帮助有发育障碍的亲人。这种兄弟姐妹间的理想关系需要家人共同创造和维系。

● 和兄弟姐妹一同成长

发育障碍是与遗传有关的多因素疾患，家庭内部多人具有类似特质的情况并不稀奇。有时，兄弟姐妹同样具有发育障碍的特质。即使没有被诊断出来，也会表现出类似的倾向。

如果兄弟姐妹具有相同的、难以控制的心理忐忑、易激动、情绪紧张的特质，那么在外界刺激较多的集体生活中，这些特质就会膨胀到极限。这时候即使他们希望回到家里放轻松、静下心来，也无济于事。兄弟姐妹间会争吵不断，长期处于一种持续无法放松的状态。如果有向专业人士咨询的机会，希望兄弟姐妹一起参加，并思考一下如何促使他们一同成长的问题。

在家里，做布置、收拾等家务工作时，可以让兄弟姐妹一同参加。摒弃“做不好就批评”的做法，在“只要努力了就要表扬”的规则下，不仅让有发育障碍的孩子，同时也让兄弟姐妹累积被赞扬的经历。这种方式会将孩子们引向更加健康的成长之路。

家庭成员共同出席活动

如果居住地附近设有发育障碍支援小组以及育儿班的话，一定要积极参加。通过小组活动，可以学习如何参与帮助，相互理解深陷相同处境伙伴的烦恼。这就是支援小组存在的非凡意义。建议参加家庭成员可以共同出席的活动，建立相互联系。

多方咨询以获得有效支援

● 首先要知道与谁取得联系

为了使有发育障碍的孩子可以言行正常，家庭成员面临着诸多问题，对此，有些家庭并不积极解决。家庭成员与专业人员取得联系或是进行咨询尤为重要。有人说家长独自接受诊治不起什么作用，但是，当问题极其严重时，建议家长接受咨询。

为了辨清孩子的特质，在医疗机构进行与发育相关的检查，并通过专家进行诊断，这是必要的。但是，医疗机构基本上以诊断与治疗为主，对于孩子日常生活能力的改善做得比较少。临床心理医生以及语言听觉方面的专家，可以起到帮助父母和孩子提高生活能力的作用。书籍、网络等对有发育障碍的孩子及其家长来说，也是丰富的社会帮助资源。

现实中，虽然存在着各种挑战，但是不管怎样，多方咨询的益处毋庸置疑。

当不了解去哪里咨询的时候，可以与有过相关咨询经历的家长取得联系，请他们介绍周围比较近、比较可靠的相关机构。

有效支援是经过反复咨询后形成的。家长不要认为问题一次就可以解决，应先考虑“与适宜的专业人员取得联系”。

● 列出要咨询的事项

利用便利的咨询服务是基本方针。有人为了向有名专家咨询而慕名求远。但是，向专家咨询一次，并不能一下子解决所有问题，而支援是长期的。所以，大家应该将咨询内容从“可以做好的事情”开始，依序排列记下来，逐项进行咨询。这样来看，就近多次咨询极为重要。

咨询时，因时间有限，将咨询内容逐条列出是行之有效的方法。即使当天无法完成全部咨询，将事先列好的内容交给咨询机构，也可以在下次咨询时继续寻求帮助。

● 并非一次咨询就解决全部问题

负责发育障碍咨询的多数是医师、临床心理师、保健师等，提供帮助的内容因情况而异。大家不要因为咨询效果不如预期而轻易放弃。在不懈寻求帮助的过程中，可以请支援者开展相关调查，推动事情的进展。

建立联系

除了有发育障碍的孩子外，如果监护人自身也陷于困境，此时拥有可以提供咨询的朋友或机构，也许可以获得极为重要的帮助。

遇到有厌烦情绪、嫌费事的支援人员，或当被告知“做不到”时，有些家长会过分在意，甚至表现得很冲动。其实，接受咨询时一定要把心态放平和。要摒弃咨询一次就解决某个问题甚至全部问题的想法，逐一拓展孩子的能力，逐步形成良性互动关系的态度十分关键。

伙伴

- 支援组织
- 家长小组
- 育儿班
- 可以分忧的朋友

信息

- 书籍、杂志
- 网络
- 电视
- 学习班

支援

医疗机构

- 医院儿童精神科

公益机构

- 发育障碍者支援机构
- 儿童咨询所
- 保健中心

教育机构

- 学校的咨询室

相互合作

怎样说，孩子容易理解

1 内容具体

2 事前说明

3 引起注意

4 要简短、一件一件地说

5 清晰易懂

6 使用画和照片

第 3 章

另类宝宝的23项教养秘诀

学龄期应掌握的技能

本章主要讲述学龄期孩子必须养成的生活习惯以及应学会的交流技能。事实上每个孩子的情况都不同，书中的教育方法不一定都适用。学习基本的思考方式，在日常生活中不断实践，一定能找到适合孩子的教育方法。

家长与孩子共同努力的大前提

技能训练的目的是为了让孩子度过愉快的人生。周围的大人要做的，就是尽量给孩子帮助，让孩子逐渐掌握必要的技能。

● 首先要让孩子获得周围人的理解

不管有没有发育障碍，孩子将来都要在社会中生活。掌握在社会中顺利生活的技能，是孩子愉快度过每一天所必需的本领。

有发育障碍的孩子，的确在诸多方面不太擅长。现代社会非常注重交流，这给他们带来许多不利。孩子虽然也想做好每一件事情，但他们往往不知如何做好。大部分情况下，只要周围的人教给他们做事的方法，他们就能顺利地学会。

首先是家人和老师等孩子周围的大人要留心，虽然孩子无法一下子学会，但如果一点点耐心教，他们也能学会。为孩子创造适宜的环境，是第一阶段。

把孩子的特性当作“不行”“有问题”的依据，对孩子采取否定的态度，一旦孩子出现问题，大人就一味地发火，根本想不到让孩子顺利学会做事是需要一定诀窍的，这样也会使虐待孩子的风险上升。因为有发育障碍的孩子不是只要自学就会做事的，所以请抱着“循序渐进”的心态好好教您的宝贝吧。

接下来，仅仅让环境配合孩子进行技能训练是不够的。等孩子学会一定的技能后，就要训练孩子自觉做事。

提高自尊心，训练自主性

在实际技能训练中，让孩子主动参与训练很重要。大人只要想一下自己的经验就会明白，不管做什么事情，与“别人让自己做”相比，“自己主动去做”的效率会更高。让孩子体会做事的快乐，在孩子成功时加以鼓励，让孩子积累被表扬的经验非常必要。一边让孩子明白“为什么训练是必要的”“训练之后会有哪些好处”，一边在孩子每做到一件事时加以表扬，培养孩子的自信心。面对发育障碍的孩子，不要用“比不上一般人”的思维定势，应该多考虑孩子现在会做的事和不会做的事都有哪些，让孩子学会做更多的事，慢慢积累被表扬的经验。

对孩子进行技能训练的技巧

◎ 学习技能是为了让孩子愉快地度过自己的人生

◎ 不说“不要怎样”，而说“为了做好某事该如何”

◎ 顺利的训练必须花心思

◎ 不强调“别的孩子是怎样的”，而是弄清楚“自家孩子会做的事”

◎ 孩子做不好时不要训斥，但孩子做到了要及时表扬

◎ 在日常生活中帮孩子累积成功的经验

◎ 我们认为理所当然做到的事，在孩子看来并不容易

有不擅长的事不足为奇

本书中介绍的技能，并不是“一学之后就一劳永逸”。事实上，在日常实践中一点一点重复所见所闻，真的能学会很多东西。由此可见，长时间的训练工作很重要。

日常生活必备的技能并不只是一两种，慢慢把训练融入日常生活，才能自然地造就孩子的处事方式。我们的最终目标是，孩子可以在生活中自如使用所掌握的技能。实际上这个目标并不是“孩子自己什么都会做”，而是“掌握适时从外界寻求帮助的技能”。

正常发育的成人碰到不擅长的事，也要向别人求助。现代社会人们为了生活得更好，人人都在坚持不懈地努力学习。有不擅长的事需要别人的帮助，不是什么令人羞愧的事，而是非常正常的情况。

日常
生活自理

进餐

在抱怨孩子不会做事之前，首先检查一下，自己教孩子的方式是不是合适，有没有让孩子真正弄明白怎么做。

第1步 找出原因

偏食

孩子如果有味觉过敏或刻板行为，就容易偏食。让孩子慢慢适应新食物，但孩子吃下食物感到恶心时，不要勉强。

用手抓、掉饭粒

可能是两方面的问题；一是咀嚼和吞咽功能和手指使用工具的能力有问题，二是用餐礼仪问题。

第2步 用心解决

在烹饪和装盘上花心思

将蔬菜切碎后放在米饭中。

让孩子尝试很重要

孩子喜欢蛋包饭的话，就做与此相似的番茄意面。

选择方便易用的餐具

选面积大的勺子，或柄有角度的勺子。

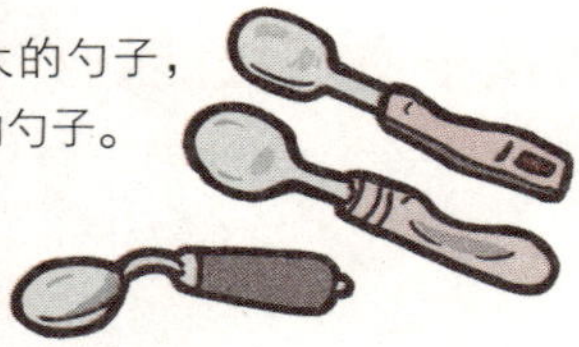

改良烹饪方法

软硬、大小、黏稠度等适度。

“会拿筷子”和“会用筷子”有区别

有时成人认为“孩子会用勺子吃饭了，下次让孩子用筷子”，于是立刻为孩子换上筷子。但是勺子是舀着吃，与操作两根筷子所需的“功力”有很大不同。在吃饭之外的时候先慢慢练习使用筷子，等用得比较熟练了再让孩子在吃饭时用筷子吧。不要抱有“不能总用勺子吃饭，必须尽早学会用筷子”的心态，而应该有“能学会更好”的想法，让孩子主动学，并制造这种氛围。

进餐时来回走动

为孩子创造刺激比较少的环境，让孩子慢慢养成专心用餐的习惯。

● 了解孩子能做什么，不能做什么

身体的进食机能是阶段性发育的。对孩子进行训练，要以孩子身体功能和大脑认知的发育水平为基础，一步一步来。从身体发育和礼貌养成两方面掌握孩子“现在能做什么，不能做什么”。

要求发育障碍的孩子在吃饭这件事上做得像别的孩子一样好，只能导致孩子不愿进食，并产生恶性循环。让孩子用容易操作的餐具，就比较容易完成进食。

进食是生存的基本动作，对身体和精神都有很大的影响。进食不仅是单纯地为摄取营养，按照个人的喜好从饮食中得到满足感和乐趣也很重要。

应用篇

让孩子体验在外就餐的快乐

为了享受轻松快乐的生活，多数人会偶尔在外边吃饭。为了让出行不是以训斥孩子结束，请预测各种场合的“麻烦”，做好相应的准备再出门。

- 寻找合适的饭店
- 在同一家饭店重复体验
- 事先告诉孩子要去哪里，在那干什么

日常生活自理

排便

在这个问题上，不要逼迫孩子，对孩子说“做不好不行”。虽然这是必须学会的技能，配合孩子的发育，训练孩子逐渐学会就好了。

第1步

找出原因

弄脏卫生间

孩子可能不明白如何保持合适的位置、姿势，慌乱时甚至意识不到需要对着便器排尿。

不去卫生间

有时孩子会因为过敏或过去的心理阴影不想去厕所。

第2步

用心解决

在站立位置画上脚印

必须耐心教孩子，否则孩子很难自然地学会。

休息时间询问

保持卫生间清洁

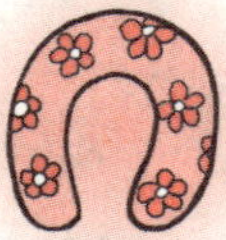

用孩子喜欢的马桶坐垫，让孩子愿意坐在上面。

让卫生间留下舒适的印象

在厕所时的失败体验容易造成心理阴影，如孩子过去有被强迫上厕所，或由于上厕所被训斥的经历，就容易对上厕所产生抵触心理。

改善厕所的环境，把厕所的墙壁和摆设换成明亮的装饰。鼓励孩子，让孩子明白“厕所是尿尿和拉屎的地方，不是可怕的地方”。这很重要。

排尿时把下半身衣物全部脱掉

从使用儿童便器换成使用成人便器，如果没能得到指导，孩子很难自己学会如何使用。

● 做好耐心解决问题的心理准备

排便是基本的生理需求，也是最基础的生活技能之一。虽然大人很容易因为孩子不能顺利掌握排便技能而焦急，但是不能忽略，自主排便是由尿意、便意的确立，表达自己的意愿，穿脱衣物，洗手等步骤组成的。发育正常的孩子也需要成人细致的教育才能学会。事实上，孩子学会独立排便是很难的过程。

对发育障碍的孩子来说，掌握这项技能就更耗费时间了。在教孩子排便这件事上，大人要陪在孩子身边，耐心细致地教给孩子。

为了让孩子掌握技能，父母要花费心思，想方设法帮孩子学会方法。

应用篇 有时压力会导致尿床

如果尿床是从婴幼儿期持续下来的，可能是身体的脏器特质和功能问题，最好去泌尿科检查一下。

如果平时不尿床，突然开始尿床，可能是精神上的压力过大所致。出现这种情况，要去泌尿科检查，并告诉孩子，这并不是孩子的责任，也不是礼貌问题。周围人要用平和的心态对待孩子的问题。

日常生活自理

穿衣、洗脸、洗澡

不要强迫孩子，要一步步逐渐增加孩子会做的事。

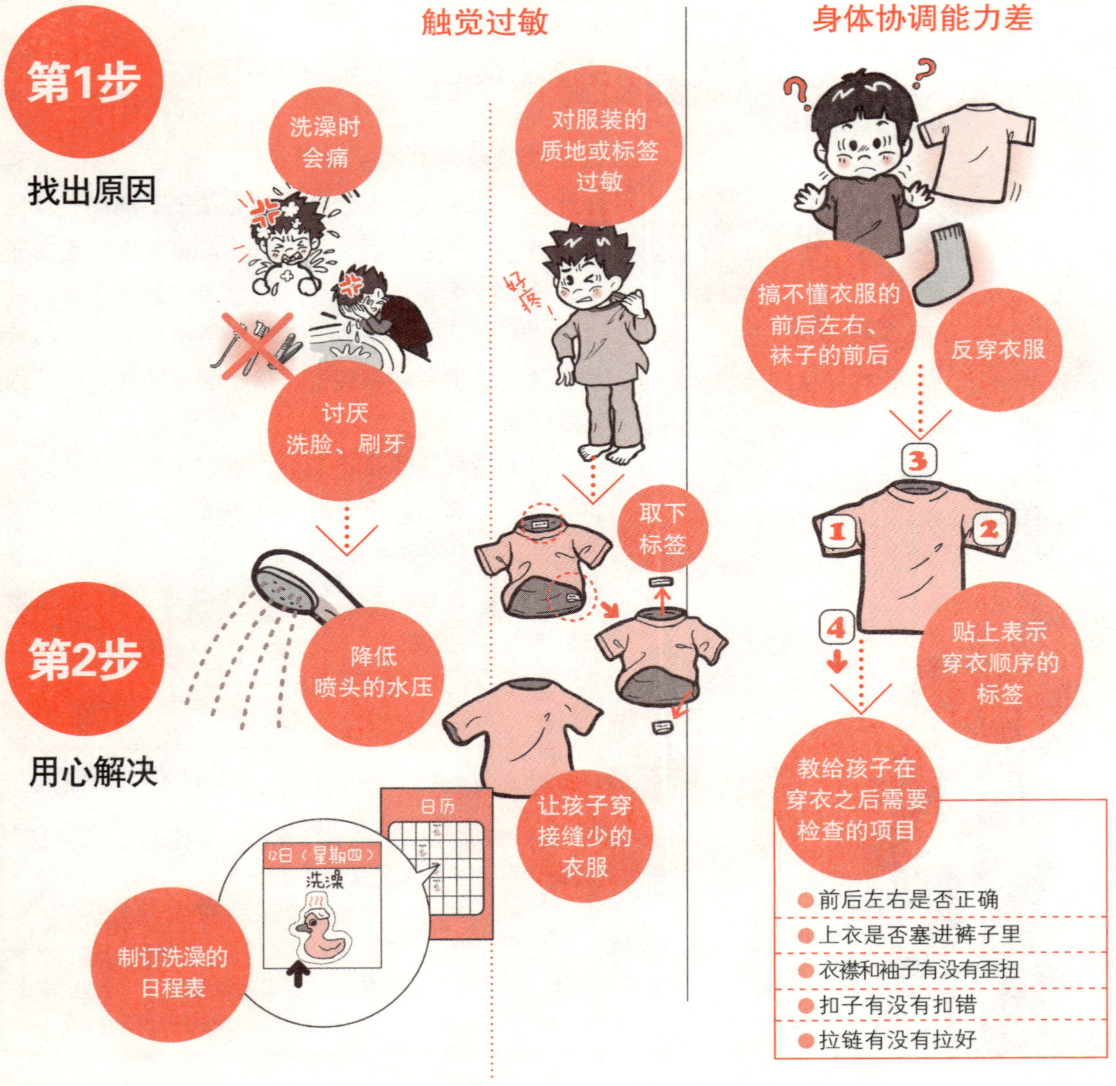

刷牙和洗澡要逐步前行

发育障碍的孩子如果没有弄明白刷牙和洗澡的目的，就会认为这些都是痛苦的体验。

●刷牙：习惯口腔内有牙刷的感觉→张嘴→练习咬合→放入牙刷→做刷牙的动作→移动牙刷的位置→适度用力

●入浴：用干毛巾擦身体→用湿毛巾擦身体→用手稍微弄湿身体→用热水淋湿身体

笨拙和行为刻板的孩子

孩子可能很难做到保持安静，或者由于孩子动作笨拙，穿衣服要花很长时间。另外，也有可能由于刻板行为，夏天孩子不愿将长袖衫换成短袖衫。找到孩子拒绝的理由很重要。

采取容易接受的方法

如何让孩子开始是个难题。为了帮助判断力弱的孩子，做好记号，以便让孩子顺利地完成穿衣服。培养自信心，孩子就愿意配合训练。

“快点儿”和“为什么就你不行”是禁语

孩子要经历引导和吸取教训的过程才会成长。大人由于不满意而训斥孩子，只会让孩子失去自信心。

● 对孩子的帮助要适度

穿脱衣服和洗脸，不像吃饭和排便那样是出自本能的行为，所以对此放任不管的话，孩子是不可能学会的，发育障碍的孩子尤其难以学会这些技能。大人不引导孩子独立完成这些事的话，孩子是不可能学会的。在这个过程中，大人不能过度帮忙，也不能对孩子要求过高，培养孩子独立自理的自信心和主动性，比让孩子掌握技能本身更重要。

如果孩子有过敏等特征的话，就要花心思尽量为孩子排除刺激。用清晰易懂的方式让孩子弄懂一连串的动作，孩子就比较容易学会。和孩子一起逐一回顾排除困难的步骤，然后表扬孩子做到了的事情，让孩子在接下来的训练中建立自信。

日常生活自理

收拾整理

如果孩子不擅长收拾整理，不仅要教孩子整理东西，还要教孩子整理思路。花足够的时间帮孩子弄清楚状况，重复给孩子讲解很重要。

找出原因

孩子并不是不想做收拾整理这件事

把尺子和竖笛拿来拿去。

把东西拿出来、使用后乱扔，考试时把考卷扔在地上。

不知道该如何收拾整理。

用心解决

不要训斥孩子，冷静地告诉孩子该怎么做

在算术工具盒里装不同形状的工具，告诉喜欢拼图的孩子“这跟拼图是一样的”。如此引导，孩子就会慢慢喜欢上整理了。

从在哪里考试，如何应对，考试后给家人看卷子，所有步骤都要对孩子一一说明。

认真的指导对谁都有帮助

在学校，需要孩子自己管理教科书、笔记本及各种文具。对发育正常的孩子来说，这都是不容易做好的事情，更何况是发育障碍的孩子！花时间认真指导有发育障碍的孩子，允许孩子慢慢学会。

● 愉快地做整理练习

孩子不懂得物品的价值及意义

有发育障碍的孩子不擅长应对复杂的状况。对有发育障碍的孩子下复杂的指令只会让孩子更加混乱。必须告诉孩子考试的答题纸有哪些意义，比如“成绩的评价很重要”“应该拿回家给家人看”。

在幼儿园和托儿所，收拾整理是大家一起做的事，即使孩子不能顺利完成，别的小朋友也会帮忙收拾。在小学，孩子有自己的课桌和置物柜，收拾整理就要靠自己了，而且要整理的东西一下子多了许多，这对本来就不擅长整理的有发育障碍的孩子来说是相当大的考验。

他们可能会对整理没有兴趣，甚至不懂物品的各种作用与意义。这时只要对孩子加以引导，经过练习，他们是可以掌握整理技能的。一定要注意这一点：千万不要训斥孩子。

就像成人看的杂志也会登载“收纳专题”一样，在整理物品方面给孩子一些引导，孩子就会方便许多。为了让孩子愉快地接受训练，多花一些心思吧。

应用篇 收拾整理上有诀窍

在桌子上绑上松紧带，这样可以用来固定尺子等东西，防止掉到地上。

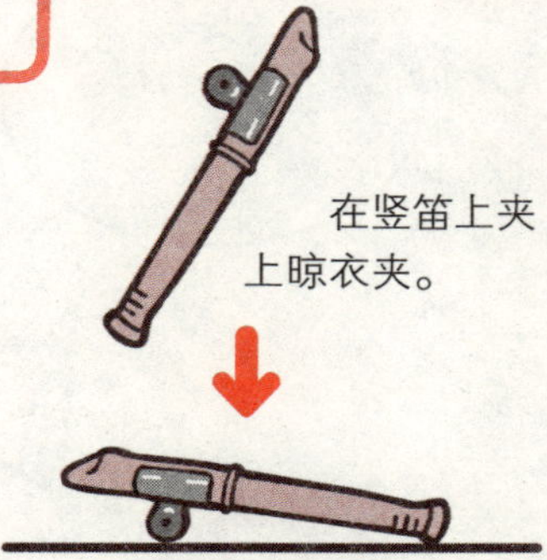

在竖笛上夹上晾衣夹。

这么放就不滚动了。

帮孩子学会使用整理柜，养成课前准备教科书和笔记本的习惯。

日常
生活自理

学会日常生活技能

教会孩子“自己的事自己做”是最重要的事情之一，如果同时能在让孩子找到日常生活的乐趣上花一点心思，就向完美接近了一步。

第1步

练习做家务

从小事做起，让孩子练习做家务

- 拿走用完的餐具
- 收拾玩具
- 把垃圾扔进垃圾箱

孩子帮上别人的忙后，被夸奖的经历很重要

第2步

帮家人做事

简单明了地向孩子说明做哪些事能帮上家人

- 让孩子一起收拾

学业比生活技能更重要吗

不擅长切换模式的孩子和笨拙的孩子都不想做“麻烦”的事情，甚至因为怕失败不想做事。擅长知识性课题的孩子，往往忽略生活技能的学习。但是，“只要会学习就够了”的看法是不对的，要考虑到孩子将来可能面临的社会问题，孩子掌握生活自理的能力比掌握学业更重要。

鼓励孩子帮忙做家务

做家务给报酬，容易给孩子留下深刻的印象。

与在社会上工作能获得报酬一样，成人定下做家务给报酬的规矩，并表明做得不够好就拿不到报酬，是个不错的点子。

训练孩子帮助他人

简洁明了地向孩子说明做什么事能帮上别人。这可以帮助孩子学会在日常生活中不仅考虑自己，也要为别人着想。

● 不要替孩子做，让孩子学会自己做

通常来说，并不是做到能生活自理就够了。随着年龄的增长，孩子接触到的东西越来越多，必须学会的事情也必将不断增多。生活是不断变化的，这就要求孩子不断提高生活技能。发育障碍的孩子掌握的技能相对较少，而且他们容易产生刻板行为和固定的行为模式和思维定式，这就要求家长配合孩子的实际情况认真教孩子。

有些孩子，即使家长要求他们做家务也不做，这就导致他们在成年后独立生活时面临相当大的困难。还有些孩子，虽然看起来没有问题，但平时都是家人和好心的朋友帮他们处理日常生活事务，自己什么也不会做。

为了孩子将来能顺利适应独立生活，趁现在让他们尽量多学一些本领，为此来安排训练内容吧。

应用篇 花心思让生活更有趣

发育障碍的孩子虽然愿意按照时间表生活，但日常生活不可能只有一种方式。生活是丰富多彩的，花心思让每天的生活更有趣，也是孩子必须掌握的一项生活技能。

- 随心情换服装
- 欣赏不同风格的音乐
- 改变房间的装饰

掌握身体感觉

学会放松

困扰和激动的时候需要冷静，教给孩子控制情绪的方法很重要。

放松身体

控制好身体的紧张程度，把不高兴的心情变为愉快的心情

1

两手用力

两手握拳，弯胳膊，慢慢握紧拳头。

2

两肩用力

两肩慢慢耸起。

3

脸部肌肉用力，数数

两眼紧闭，两手、两肩、脸部肌肉用力进入紧张状态，在这种状态数到5。

4

全部力气放松

数5个数之后，慢慢放松两手、两肩、脸部肌肉的力量，进入放松状态。重复这一过程。

调整呼吸

调整呼吸，有助于让不快的情绪减弱

1

深深吸气

用放松的姿势坐在椅子上，慢慢地深吸气。

2

从口中呼气

从口中慢慢呼气，长长地、慢慢地呼气是重点。重复这一过程10次。

心情不快时身体会紧张

许多发育障碍的孩子不够敏感，甚至不能清楚地用语言表达身体的感觉。要让孩子了解，心情不快的时候身体是什么状态，放松时身体是什么状态。这样，他们才能自然地放松。

练习放松的时机

在日常生活中让心情平静很重要。周围的人要不断提醒孩子“用教给你的方法试试吧”来重复这些练习。

在学校

- 在讲台上讲话之前紧张时
- 考试前不安时
- 与朋友吵架后生气时
- 被老师训斥后心情不好时

在家

- 早晨起床时和晚上睡觉前
- 从学校回到家感觉很累时
- 被父亲和母亲训斥后伤心时
- 写作业等做不情愿的事时

腹式呼吸可以让心情放松。从鼻子深深吸气，同时膨起腹部，呼气时腹部收缩。

● 让孩子掌握放松心情的技巧

发育正常的孩子能够在陷入慌乱时自己冷静下来，但身体不敏感的发育障碍孩子，却无法自然地冷静下来。而对周围环境过敏的孩子，有一点刺激就容易激动。所以，要教给发育障碍的孩子使自己冷静的方法。

不仅要调节周围环境，让孩子远离刺激，还要让孩子弄清楚自己在什么情况下会为难，如何让自己冷静下来。让孩子学会用动作和呼吸法调节身体，缓解紧张，并借此练习对身体的自控能力，调整自己的情绪，提高与他人的交流能力。

应用篇

回想快乐的事情

利用喜欢的意象把不快的心情转换成愉快的心情。

① 闭眼回想愉快的事

用舒缓的心情回想愉快的事。在脑海中不断回想高兴的事、成功的事。

② 慢慢睁开眼睛

经过2～5分钟之后，用力伸个懒腰，慢慢睁开眼睛。这时候会惊奇地发现心情平静了。

掌握
身体感觉

运动身体

通常来说，相比语文、数学等科目的学习成绩，孩子的运动能力并不受重视。要知道，运动与认知发育有相当深的关系，一定要督促孩子积极活动身体。

第1步

找出原因

有发育障碍的孩子，通常不擅长运动

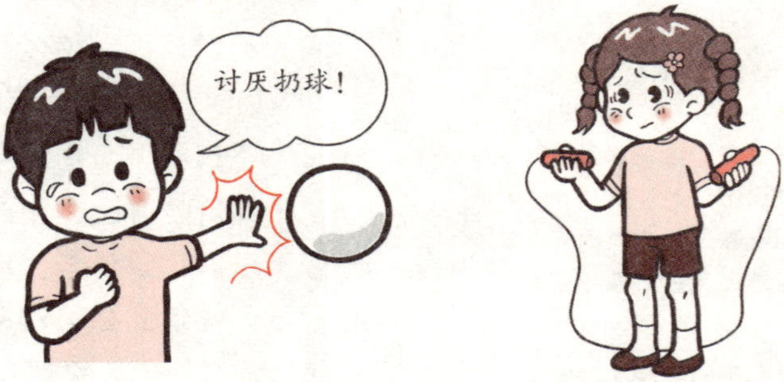

不会扔球　　不会跳绳

第2步

用心解决

把动作一一分解教给孩子

身体运动很快乐

运动项目通常伴随着竞争，所以大人很容易把自家孩子与别的孩子比较，得出“这个孩子不行”的结论。但是，胜败并不是一切。运动可以帮孩子调整生活的节奏，学会与外界的交流，有很多好处。所以不要纠结于孩子能不能做好，而是让孩子怀着“运动身体很快乐”的心情去尝试各种运动。即使进度缓慢，只要取得“昨天不会的今天会做了”的成果，就是极大的进步。表扬孩子的这些进步，让孩子积累积极的情绪。

● 不擅长运动不仅仅是体力问题

大多数有发育障碍的孩子身体协调性都比较差，不擅长同时做多件事，也不擅长运动。因为大多数运动都要同时调节并使用身体的多个部位，还要控制自己与环境（球和绳子等）的关系。对发育障碍的孩子来说，这是一个很难的课题。

但是，不能因为孩子不擅长运动就可以不运动。不运动，孩子会失去利用运动锻炼认知功能和身体协调性的机会。事实上，最好不要认定“这孩子不会运动”，而是细致地把运动要领一一教给孩子。大声督促，强制孩子运动也是可以适当使用的方法。但一定要记住，这样做的要点是以“成功”为结束，并对孩子加以表扬。

应用篇

首先做全身运动

在全身运动（大运动）功能发育之后，细微运动功能将依次发育。应该引导孩子多做一些诸如走、跑、跳这样的全身运动，以期提高身体整体功能。

另外，虽然说进行特殊体育运动训练不是必需的，但是，与调节性运动相比，可以加强肌肉力量的运动更易出成果，也有助于提高孩子的自信。

掌握
身体感觉

灵活用手

由于动作笨拙一般不会影响学习成绩，因此容易被忽略。然而动作笨拙对日常生活的影响不可小视，对孩子来说是件麻烦事。

找出原因

●合奏时，不能顺利进行手指操作

●用不好筷子和勺子
●吃饭时常弄撒饭菜

●弄破笔记
●字迹难看
●书写缓慢

●无法在时限内完成作品
●无法做好

●不会正确使用工具

用心解决

在做家务时愉快地使用手指。

在能做好的事情上体会成功的经验。

现在的孩子都不灵活吗

现在，孩子在室内玩耍的项目增加了，户外活动的机会相对减少了。以前洗手时要“拧”水龙头，这是手指的运动，现在只要伸手就出水。生活变得方便了，活动手指的机会也随之减少了。

把训练融入日常生活很重要。值得注意的是，如果全身运动不发达，手指活动也不会灵活，所以推荐增加孩子活动全身的机会。

● 不灵活容易被忽视

即使孩子动作不够灵活，也可能被认为是家教的问题，或被当成不同个体差异，认为年龄增长后这个问题自然会解决。很少有人认为这是要改善的发育问题。但是，很多孩子因为“想做的事做不好”而独自烦恼，并且一直在重复失败的经历。为了隐藏笨拙的问题，孩子往往选择逃避做不好的事情，或故意说怪话，采取攻击的态度。

不管是手、手指还是全身运动，身体运动很容易用肉眼看出结果：失败时当然有挫折感，但成功时的成就感和周围的肯定也会产生很大影响。在日常生活中让孩子从帮忙做家务等简单的锻炼开始，即使是小小的进步，对孩子来说也是前进。积累这样的进步对孩子来说很重要。

多数不擅长运动的孩子不够灵活

全身运动与手和手指的活动密切相关，对笨拙的考虑，不仅限于手工和家务的操作，也不仅限于体育技能，要考虑到涉及孩子的所有学习科目和所有生活技能。

每天重复做家务是良好的锻炼

家务一般是按照固定的模式每天重复相同的操作。做家务，在练习使用手指的同时，还可以让孩子学会基本的生活独立技能。

应用篇 为什么容易掉东西

上课时经常弄掉东西，除了粗心大意以外，可能是因为手和手指运动功能发育迟缓，难以牢牢抓住物品所致。

吃饭时经常弄撒饭菜，也可能是无法用好筷子等这类手和手指运动的发育问题，还可能是味觉问题，或礼貌问题等。

掌握
身体感觉

保持姿势

在学校生活中，孩子在一个时间段内保持站立、坐姿等一种姿势是不可避免的，但对身体协调能力差的孩子来说，这却是个相当大的难题。

第1步 找出原因

姿势不对是由身体特性造成的，不要责备孩子没礼貌

不在座位上施加过度的力就很容易滑下去。

由于重心不稳定，常常摇晃身体，弄响椅子。

若不抱着膝盖或跷二郎腿就无法保持姿势。

第2步 用心解决

运动身体，锻炼全身的力量

可能的话，试试在日历上贴小红花吧。

保持姿势需要肌肉力量

成人长时间保持一种姿势也不是一件容易的事，孩子更是如此。如果肌肉力量没有发育到一定程度，很难在一段时间内保持同一个姿势。不擅长保持坐姿的孩子，往往不愿意参加体育课。这样一来，孩子就会失去活动身体、锻炼肌肉力量的机会。

现代人乘车多，运动量越来越少，很多正常发育的孩子也出现了不能长时间保持一种姿势的现象。平时为孩子创造锻炼机会，有益于孩子得到相关训练。

“抱膝坐”也不稳定

不仅仅正常坐在座位上的姿势不稳定，很多孩子“抱膝坐”也坐不稳。因为孩子喜欢两腿伸开、驼背坐在地上玩砂子。虽然孩子这样下去不行，但不能因此训斥孩子，要理解孩子由于发育迟缓造成难以保持姿势这个问题。

训练要分步渐进

让不会保持坐姿的孩子“长时间不站起来”，为孩子设定这种过高的目标，根本无法成功，只能增加孩子的失败经验。事先弄清楚孩子能保持姿势多久，然后慢慢延长时间，不断给孩子正面评价。

当孩子陷入混乱时，对孩子下“不准站起来”这类指示只能让孩子更加慌乱。设定清晰明了的目标，避免给孩子造成混乱。

● “坐45分钟”超乎想象得难

“擅自站起来到处走动”“冲出教室”“坐在座位上动来动去”等问题行为常常出现在发育障碍的孩子身上。事实上，对身体协调性和肌肉力量都较差的这些孩子来说，保持45分钟的正坐，要付出相当大的努力，是一件很难的事情。

即便如此，有发育障碍的孩子在上课时也要保持正坐。这种情况下，掌握孩子何时会站起来，给予孩子适当的帮助，让他们进行坐在椅子上的训练很必要。

研究中发现，孩子“搞不懂该做什么”“不会做题”的时候难以维持坐在椅子上的状态。

另外，气温等环境条件和自身体温等因素对孩子维持姿势也有影响。如果是这种情况，应调节室温或让孩子适当休息，这样孩子更容易保持坐姿。

应用篇

帮助维持坐姿的垫子

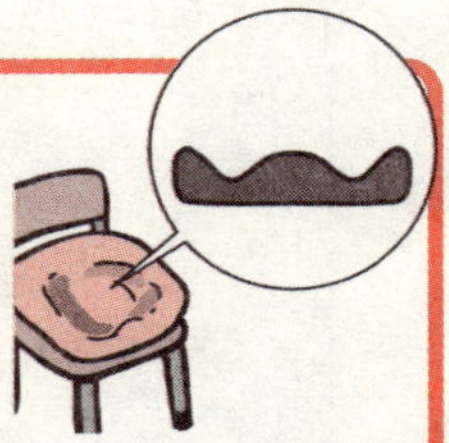

可以让孩子使用帮助维持坐姿的坐垫和防滑垫。

使用坐垫容易让孩子进入训练状态，有利于矫正孩子的坐姿。矫正坐姿可以强化孩子身体功能，将来不用坐垫了，孩子也可以保持正确的姿势。这种方法在职业治疗师的指导之下进行更有效。

应对
困窘行为

调整刻板行为

刻板行为对社会生活有影响，也会影响日常生活，家长有义务帮孩子解决这个问题。不过，不要忽略了认真和执着是刻板行为有利的一面。

应对刻板行为的例子

有发育障碍的孩子经常沉浸在恐惧和不安等负面情绪中，周围的环境“保持不变”可以让他们感到安心。

不能改变日程安排

对每天的日程安排有刻板行为，不愿参加运动会或春游等活动。

对策

用孩子明白的方法，事先讲明计划

每天对孩子说明全天的日程安排，并用一目了然的图片方法说明每周、每月、每年的固定活动。

即使别人在一边等着也无所顾忌

一旦沉浸在游戏中，就看不到周围的状况，也听不到制止的声音。

对策

事先告诉孩子，玩×次之后要换人

事先告诉孩子游戏规则，大家一起数数，数到×的时候就该换人了。

用鼓励与赞扬助推孩子

有发育障碍的孩子很容易对“新鲜事”和“变化的事”感到害怕，所以即使是简单的改变也要认真对孩子进行说明，并鼓励孩子。

- 让孩子做简单、比较容易的事
- 耐心并认真地督促孩子的行为
- “做好”不是目的，重在“尝试”

让周围的人陪着做同样的事

总是问同一个问题，要求一样的回答。

对策

尽早找专家咨询

如果发现孩子有较明显的刻板行为，最好尽早找专家咨询。

● 不改变，不停止，不开始

在发育障碍者中，多数孩子有不会推测别人意图，无法在瞬间弄清状况的特征，所以他们容易因为变化而焦虑不安。为了尽量避免出现焦虑不安等负面情绪，孩子会有不愿开始做某事，开始做某事之后就不愿停止等特征性的刻板行为。

训斥孩子或禁止孩子的刻板行为，会加重孩子的不安情绪。所以请理解孩子刻板行为背后的原因吧，尽量提供给孩子能够缓解刻板行为的乐趣。

让孩子通过玩耍等行为与人交流，累积有趣的成功体验，对孩子来说是很重要的。

应对困窘行为

感觉过敏的对策

对别人来说不算什么的刺激，对感觉过敏的孩子来说往往是难以忍受的痛苦。请想象一下，每天在痛苦中的生活多么辛苦！

找出原因

视觉

对光过敏：对刺眼的光与闪烁的荧光灯等过敏。

对颜色过敏：对特定颜色或花哨的颜色等过敏。

听觉

对声音过敏：对小孩子的哭声、喧哗声、吸尘器等机械的声音及运动会的哨声等有强烈的不快感。

用心解决

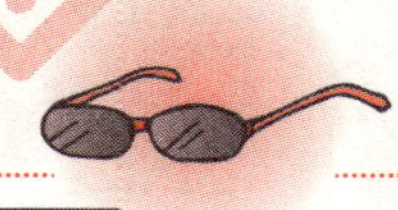

太阳镜

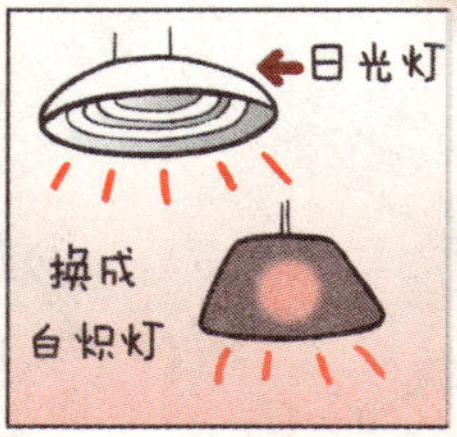

把日光灯换成白炽灯或间接照明

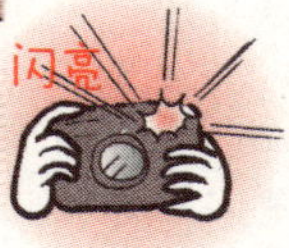

照相时不用闪光灯

因为视觉刺激很难改善，尽量让孩子远离刺激。按照孩子本人的过敏类型配相应颜色的太阳镜比较有效。

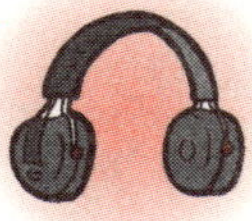

耳机

耳塞

把容易发声的部位用布包起来

听觉过敏的症状，每个人都不同。所以要尝试各种方法以减轻孩子的不快。

感觉过敏和感觉迟钝

视觉、听觉、触觉以外，还有其他种类的感觉过敏。

- 温度和湿度：极端怕热或极端怕冷
- 速度和摇晃：讨厌摇晃，不愿玩秋千等
- 疼痛：轻微的刺激即感到疼痛。也有人需要对皮肤持续施加刺激

触觉

不能触摸黏糊糊的东西，接触一些衣服的布料、接缝和商标均感到不舒服。

不要让孩子穿不喜欢的衣服，不要强迫孩子接触不喜欢的物品

● 虽然感觉过敏，却说不出口

有发育障碍的孩子，多数有感觉过敏的特征，会因对普通人来说不算什么的声音、光源、触感等刺激，感到非常强烈的不快。

虽然通过练习或把注意力转移到其他事情上，能够在一定程度上习惯这些刺激。但从根本上来说，这是天生的体质，不是能轻易改变的。尽量让孩子避免接触致敏的刺激，借助太阳、耳塞等道具让孩子过上舒适的生活。

有些孩子虽然感到很难受，却不会用语言和表情表达出来，难以引起别人的注意。还有些孩子出现感觉过敏时会表情凝固，呆立在原地。大人要尽量理解过敏对孩子来说是难以忍受的痛苦，尽力照顾孩子的情绪和感受。

不要突然碰触孩子，碰触前先告知

触觉过敏者可以自己按摩，或让别人慢慢地一边增加力量一边触碰自己（压迫刺激），逐渐适应。

应对困窘行为

注意力不集中的对策

对有些孩子来说，走廊里走路的声音、教室里的嘈杂声都是刺激源，会导致他们注意力分散。

找出原因

难以集中注意力，不会控制情绪

用心解决

在让孩子集中注意力的方法上用心

孩子同时做几件事会不知所措，要“一次做一件事”。

利用标签等把任务分割成小事

① 把信交给别人

② 做作业

③ 准备明天的东西

改变教育孩子的思考方式

负责教育孩子的大人经常希望孩子“不要做某事”。其实，在看待孩子的行为时不能用“不做某种行为”的思考方式。这时候不能用减少问题行为的思考方式，而要换为使用增加积极行为的思考方式。

了解孩子的记忆特点

一些发育障碍的孩子能够清楚地记得感兴趣的事和过去的经历。一般认为这些孩子的记忆力超强。然而，虽然他们能记住关心的事情，却记不住不关心的事情。他们表面上知识丰富，但是往往无法把知识在脑中归纳，并运用到实践中。

● 注意力分散时，多提醒

有些发育障碍的孩子，注意力容易被周围的刺激吸引，出现注意力不集中的情况。他们虽然表面上看似明白了，却无法理解父母或老师的意图。对这些难以理解他人意图的孩子，很难让他们集中注意力。

把适当的举止分成几个小点，让孩子逐一弄明白，或者把重要的线索清晰明了地提示给孩子，让他们把注意力集中在应当注意的事情上。每次都要重复对孩子进行提示确认，这是纠正孩子注意力不集中行为的基础。

应用篇 如何帮助爱忘带东西的孩子

定好准备物品的时间

不管提醒孩子多少次“不要忘带东西”，孩子也不会改善。要是在“如何才能不忘带东西”上下功夫，也许会有效。首先从与孩子一起准备物品开始，渐渐过渡到让孩子自己独立完成。

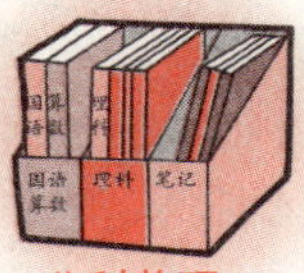

分科整理

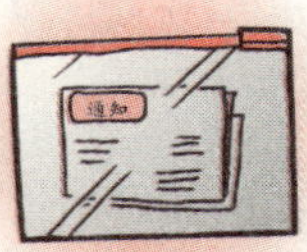

做个用来放重要物品的文件夹

培养
社会能力

为难时求助的技能

告诉孩子为难时该怎么解决，对孩子是很有帮助的。让孩子建立“即使遇到困难并不是就没有办法了，一定能找到解决办法”的思考方式很重要。

第1步

理解“为难”

孩子“为难”时的表现

- 说不出话
- 快哭出来了
- 头脑一片空白
- 烦躁
- 不知如何是好

第2步

学会求助

- 重点是，让孩子弄明白何时、向谁求助

● 学会求助很关键

患有孤独症的孩子，通常不会在身体的感觉与感情之间建立联系。在烦躁和哭泣的时候，他们不明白为什么身体会产生这种变化，并因此不知所措。他们虽然知道“为难”这个单词，却无法把“为难”与自己的具体感受联系起来。父母应该在每天的生活中帮孩子回顾自己的经验，让他们树立即使失败也要抱着“总会有办法”的生活理念。

即使是大人，日常中也会遇到大大小小的问题，也不可能完美地处理每一件事。失败或者受伤了，就要吸取教训为下一次做准备。如果缺乏客观判断状况的能力，那么这将是一件很难的事情。首先要让孩子知道，遇到困难时寻求帮助很重要，这是让孩子顺利生活的第一步。

告诉孩子什么感受是“为难”

患有孤独症的孩子，一般在陷入慌乱或不知所措的时候，并不知道这是自己感到困惑的表现。因此，应告诉孩子什么感受是处于困难中。

不要让孩子陷入困境

有些问题可能无法解决，这会让孩子更加困惑。如果孩子因为问题没有处理而陷入困境的话，只会让孩子更关注自己的失败经历，感觉自己无能为力。因此，要让孩子学会向他人求助。

应用篇

解决问题的方法不止一种

摆脱困境的办法不止一种，不同的人会选择不同的解决办法。如果有机会让孩子明白自己的思考方式并非唯一的，人们的思考方式和感受事物的方式都是不同的，就最好不过了。

解决方法的例子

老师让孩子“把某物拿来”，孩子去拿的时候有几种选择：必须进入其他班的教室，询问“我可以进去吗”；对老师说“我不敢进其他班的教室”；拜托朋友替自己去。

●并不是一切都需要自己独立解决！

培养社会能力

双向交流的技能

在日常生活中培养孩子的交流技能很重要，理解“如何与人交流”是进行交流训练的前提。

第1步 学习表达和倾听

让孩子了解，交谈是双方向交流

第2步 了解为难时怎么办

帮孩子学会对话的礼貌

- 提问前要说“可以问这个问题吗”
- 如果对方回答了，要说谢谢
- 如果没有听懂对方的回答，要说“请再说一遍”“我没听懂”
- 对得到的答案追问“为什么”，可以得到新信息

很难理解非语言性交流

对难以理解对话开始和结束的孩子来说，类似随声附和、手势等非语言性交流是很难理解的。

要让孩子弄懂：随声附和，是指在理解对方的话时点头或向对方说“我明白了”“我在听”。这样的练习要重复许多次，直至孩子掌握。

● 在不同的场景练习对话

交流不是眼睛就能看到的，交谈的规矩也很难懂。对发育障碍的孩子来说，交流是非常重要的课题。只要想想正常发育的成人之间也常遇到交流困难状况，就能明白孩子有多么难了。

有些孩子害怕与别人来往，这时候让孩子感到与人交谈是有趣的事很重要。让孩子学会交流技能，就可以顺利地与别人产生联系，减少激怒别人的情形，也能增加自信。要让孩子弄明白交流并不是单方面的，而是双向的。在不同的场景练习与对方说话和寒暄等基本交流模式，然后慢慢过渡到复杂的交流摸式。

传接物品练习

边交谈边传接物品，变化传接物品的速度和力量，就能知道说话的速度和声音的大小，及对方的方位。

第3步

体验角色扮演交流

试试超市店员和顾客的角色扮演游戏

培养社会能力

协商的技能

自己的愿望与对方的意见不同时，学会寻找双方在某种程度上均能接受的“妥协点”很重要。

例子：调查名古屋的作业

第1步

正确把握各自意图

各自说明自己为什么这么想。要了解，强迫对方做自己想做的事，对方就不高兴；迁就对方，自己就不高兴。

第2步

提出双方接受的解决方案

平等对待自己与对方想做的事，商量出自己和对方都能接受的方案。

找出解决方案的关键

即使孩子知道最好同时满足自己和对方的要求，但大多数情况下他们不知道如何具体解决。设定情境让孩子尝试，在孩子学会交流的顺序和规则之后，把这些技能引入日常生活中，加以巩固。

没有认识到自己的观点与对方不同

许多有发育障碍的孩子，很难把音调和表情等语言之外的信息结合在一起进行判断，也不会根据这些信息预测对方的反应。他们不知道做事的时候不必一切都按照计划进行，要按实际情况进行调整，而且他们通常只是一味强调自己的观点。

● 找到“妥协点”很重要

与别人交流的结果不存在标准答案，基本上交流双方都要调整自己的想法，找到双方都能接受的“妥协点”。对成人来说，这也是很难的事情。对不擅长理解抽象概念的发育障碍儿童来说，一边听取对方的意见一边调整自己的想法就更难了。即使孩子记住了双向的交流模式，也有可能出现一味主张自己的意见而不接受对方意见的情况；或者压抑自己的心情，什么都听别人意见的情况。详细学习交流的内容和解决的方法，孩子的社会性就会得到发展。

协商的技能

0级

不考虑对方的情况，以自我为中心（使用暴力、哭泣、逃走等）。

1级

虽然知道对方与自己的意见不同，但无法沟通（单方面下命令或放弃等）。

2级

能够平等地考虑对方的意见和自己的意见（讲述理由、交换条件等）。

3级

从第三者的视点找出双方的共同点，调整方案。

了解自己的情绪

有发育障碍的孩子不仅不会推测别人的情感，也不擅长理解和表达自己的情感。首先应让孩子学会识别自己的各种情绪，这很重要。

下面的表情在表达什么样的情感，请在方框中选择对应的词进行连线

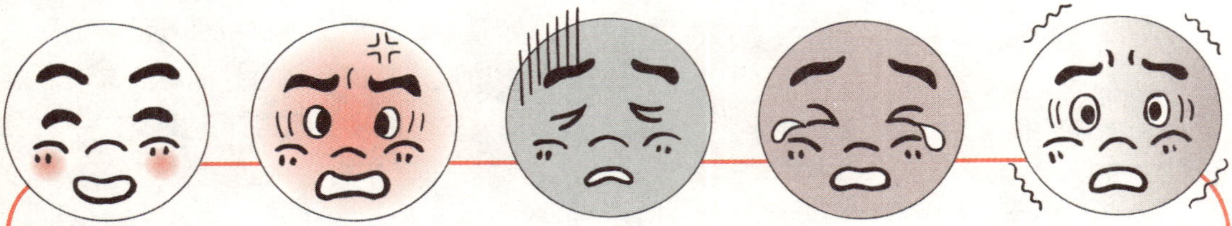

- 恐惧
- 快乐
- 生气
- 不安
- 悲伤

最近有什么高兴的事？有什么不爽的事？有什么悲伤的事

身体做了什么反应，请选择对应的词

- 身体晃动
- 用脚打拍子
- 用力握拳
- 振臂高呼
- 低头坐下
- 趴着
- 坐着
- 踢石子
- 跳起来
- 哼歌
- 松口气
- 击拳

训练要等孩子平静后再进行

从小敏感、难以控制自己情绪的孩子，他们又不会捕捉身体的感觉，会因很小的刺激而激动。如果情况不好的话，孩子可能会联想起过去的相关经历，出现负面的情绪反应，却不明白自己的情绪到底是怎么回事。像这样在情感表达发生混乱的时候，训练其表达感情的技能，只能让孩子更激动。这时候首先要让孩子冷静下来，技能训练要等孩子冷静下来之后再进行。

把表示情感的词和表情联系起来

有些孩子不太明白“快乐”“高兴”“悲伤”等情感是什么意思。他们并不是没有情感，只是不懂每种情感具体指什么。

了解不同情感时的感受

对于不擅长把握情感的孩子来说，可以通过掌握身体的感觉与情绪的关系，加深对心情的了解。大人要耐心地教孩子如何对待自己的心情。

● 不是谁都能了解自己的情感

多数发育障碍的孩子在社会能力方面都有障碍，不仅难以理解别人的心情，就连用语言表述自己的心情也有困难。虽然他们能明白高兴和愤怒等基本的情感，但惊讶和迷惑等抽象、复杂的情感对他们来说就很难理解了。有时他们不懂得情绪的表达方式，甚至会把所有情绪都用愤怒来表达。如果不能理解自己的情绪，在不愉快的时候就无法排解。这将导致孩子出现混乱和攻击性的行为。所以，让孩子“了解自己的情绪”非常必要。

应用篇

学会转换心情

了解自己的心情之后，要进一步学习遇到心情不快时如何转换心情。训练后，不是强制孩子做到不突然哭泣或发怒，而是学会排解自己的不快。

对情感的认知

控制愤怒

对发育障碍者来说，了解情感已经很难了，控制情感就更难了。学会放松，以及在遇到困难时求助等基本技能之后，就要学习控制愤怒的技能。

第1步

了解心情可以转变

容易发火

肚子饿了吃饭就会舒服；看到不喜欢的电视节目就换台……让孩子了解转换心情的方法是第一步。

第2步

了解身体与心情的关系

身体与心情是有关系的：心情不好身体就会紧张，放松身体就能抑制不愉快的心情。

第3步

练习转换心情

切换心情的时机

有人认为“在发火时是无法放松心情的”。那么，发火前会有什么表现呢？

转换心情的诀窍

深呼吸和想象是转换心情的一种办法。不过在日常生活中找到适合自己的方法也是很重要的。成人常用当场离开，去喝咖啡或喝茶的方法来改变心情。平时注意发现孩子喜欢的饮料、音乐、点心等小小的乐趣吧。

无法控制情绪怎么办

有些发育障碍的孩子容易激动，不会控制情绪。他们非常容易发火，常与别人发生冲突。有些孩子因为想起过去不快的经历而情绪不稳定。

印象与心情也有关系

和身体相同，浮现在脑海中的印象与心情也有联系。回忆快乐的印象和能够放松的印象，可以抑制不快的心情。

● 发育障碍的孩子难以控制情绪

对于发育障碍的孩子来说，控制情绪比了解情绪更难。

即使对于正常发育的成人来说，愤怒和不安这些负面情绪也是难以控制的。而容易激动的孩子会因为一点小事轻易发火。当然，他们会因为自己不能控制情绪而很苦恼。

直接切换情绪本身是很困难的事，但转换脑海中的印象和行动等，就容易得到切换情绪的结果。为了防止孩子发生躁狂症等精神问题，就要让他们学会冷却愤怒和激动情绪，以及转换心情的技能。

对情感的认知

控制焦虑

了解情感是一件很难的事，控制情感就更难了。学会为难时向别人求助的技能之后，还要学习控制焦虑的技能。

第1步

了解心情是可以改变的

让孩子理解像肚子饿了时吃饭就会舒服，看到讨厌的节目就换台那样，心情也是可以转换的。这是训练的第一步。

第2步

了解身体与心情的关系

身体与心情是相联系的。陷入焦虑时身体会产生肌肉紧张等各种反应，放松身体，焦虑就会减轻。

第3步

把焦虑说出来

把焦虑的情绪用语言向别人倾诉，很重要。学会深呼吸放松，想象愉快的事等转换心情的方法。

预期焦虑与恶性循环

焦虑是每个人都有的情绪，但焦虑过于严重以及在压力过后还持续焦虑，就是问题了。预期将要发生的事而产生焦虑会在“期待”中变得越来越焦虑，并陷入恶性循环。

难以识别自己的焦虑

很多有发育障碍的孩子虽然知道自己不痛快，却难以识别自己的焦虑。很多孩子因为不明白自己的焦虑是怎么回事而发怒。

让孩子学会求助

很多孩子不知道自己的情绪是焦虑，只是默默忍耐。让孩子学会在身体僵硬、思考停滞之前向别人求助很重要。

● 焦虑是一种强烈的情绪

在危险逼近和有令人担心的事发生时，不管是谁都会感到焦虑不安。焦虑是一种强烈的感情，甚至会危害到精神健康。但不可否认，焦虑也有积极的一面，在面对困难时，正因为感到焦虑不安，能力才会提高。不必把不安从自己的情绪中除掉，而是要掌握控制焦虑的能力，这很重要。

切换情绪本身是很困难的，但与愤怒相同，焦虑也可以通过思想、身体、行动等容易改变的部分来转换。为了让孩子自己能够顺利转换心情，父母要做的就是耐心地让孩子理解“心情是可以改变的”“焦虑不安是可以减轻的”。

应用篇 弄清楚焦虑的程度

很多有发育障碍的孩子不能理解情感，也不太会用自己的语言表达情感。很多孩子即使能够理解“高兴”“愤怒”等基本的情感，也无法理解其他较微妙复杂的情感。

愤怒较容易察觉，但焦虑不安却很难察觉，识别焦虑不安对孩子来说十分困难。首先要确定焦虑的源头，但在很多情况下，焦虑的源头都是意外的出现。焦虑可分为“不安”和“恐惧”，对付它们的方法是不同的。一定要弄清楚孩子到底处于怎样的焦虑状态。

学习技能

读写

无法顺利读写的原因有多种。对每个孩子都采用相同的应对方法，是不能让孩子克服读写困难的。

第1步 找出原因

弄清楚孩子的问题到底出在哪里

听觉认知偏差

骆驼 → 若驼

冰激凌 → 冰淇淋

视觉认知偏差

港 → 㓘 日 → 曰

通常是多种因素并存

粗心

容易跳读，考试中忘记做一部分题。

笨拙

字迹混乱，汉字的笔顺有误。

记忆

短期记忆、重复性记忆能力很弱。无法一下记住很多东西。

过敏

颜色对比度太强，阅读有困难。

第2步 用心解决

要结合孩子的具体问题给予帮助

大格子画辅助线

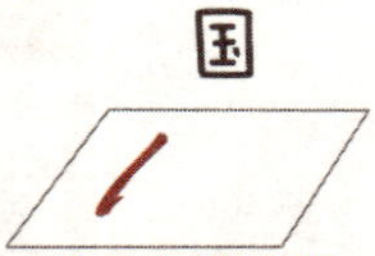
练习分辨形状

利用辅助机器

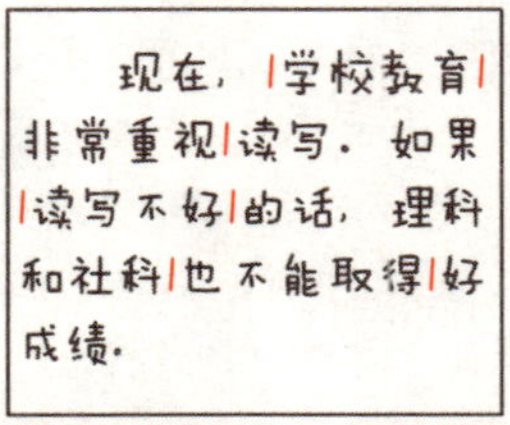

在教材上做标记，便于阅读

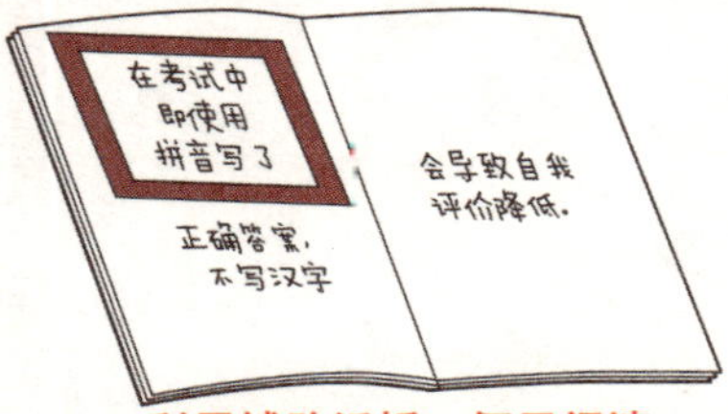

利用辅助纸板，便于阅读

每个人的学习方法各不同

书写文字方面，有的孩子按笔顺写几遍就学会了，有的孩子把文字看作一个整体，当成一幅画才能记住。不管是靠视觉、听觉、顺序还是整体记忆，找到适合孩子本人的学习方法很重要。

“抄写 100 遍”的做法是不行的

低年级的时候，即使正常发育的孩子也会写错字，发育障碍的孩子往往显不出“落后”，也就不会被留意。但是，孩子得不到适宜的教育，是无法打好学习基础的。“写10遍记不住就写100遍”，这种传统的教育方法，对有发育障碍的孩子来说是行不通的。

● 孩子需要其他学习方式

即使在读写上有困难，也不是完全不能读文章。如果孩子无法正确流畅地读写，只有教孩子理解文字，掌握阅读诀窍，才能取得进步。

在传统的学校教育中，学习汉字的方法就是让学生没头没脑地抄写许多遍，而不是用心教给孩子如何才能写好的问题。在成人看来，“自然学会是理所当然的”，所以无法自然学会的孩子就会遇到困难。但是，只要花心思，有很多教育方法可以解决孩子的读写问题。

应用篇　读后感很难写

对写读后感提出“不准概括大意”“写读后感时要考虑读者”这些要求很模糊，大多数时候孩子会认为读后感很难写。如果具体指导写法和诀窍的话，孩子的难题就会迎刃而解。以下是几个指导诀窍的例子。

- 从简单的填空式文章开始
- 先写登场人物做过的事，然后写自己喜欢的地方，最后写如果换作是自己，将会怎么做
- 可以叙述书中内容，但要少写一点
- 写读完书之后想到的事
- 具体对孩子提示部分内容，让孩子写相应感想

学习技能

算数

有些孩子不理解数字的概念，有些孩子虽然会计算却不擅长解应用题。在学习数学方面，要对孩子因材施教，给予详细指导。

弄清楚孩子到底是哪里出了问题

第1步 找出原因

听觉认知偏差

对某个数的基准量没有形成概念。

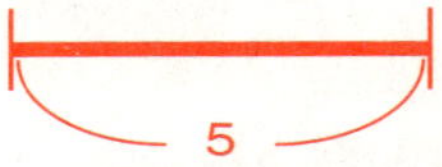

如果这是5，那么7大概有多少

不会做应用题

文字阅读理解有问题或计算有问题。

不懂数字

由于认知发展不平衡，没有对数词、数字以及相对的数量形成概念。

一　1　○
二　2　○○
三　3　○○○

不会计算

大脑的记忆处理有问题，不会计算。由于视觉认知偏差不会笔算。

第2步 用心解决

在生活中有意识地使用数量

1 2 3 4 5 6

贴上指示表

九九表

2列	3列	4列	5列
2×1=2	3×1=3	4×1=4	5×1=5
2×2=4	3×2=6	4×2=8	5×2=10
2×3=6	3×3=9	4×3=12	5×3=15
2×4=8	3×4=12	4×4=16	5×4=20
2×5=10	3×5=15	4×5=20	5×5=25
2×6=12	3×6=18	4×6=24	5×6=30
2×7=14	3×7=21	4×7=28	5×7=35
2×8=16	3×8=24	4×8=32	5×8=40
2×9=18	3×9=27	4×9=36	5×9=45

让孩子用九九表记忆

用步骤和表格做清晰的笔记

	2	5	
+	4	6	
	7	1	

● 计算方法
- ▶ 读出上面的数字和下面的数字
- ▶ 读出个位的数字
- ▶ 把两个数字相加，在旁边写出答案
- ▶ 答案写在第 1 位下
- ▶ 把十位的数字从上到下加起来写在第 2 位上

每个人的认知特征和感觉特征不同

理解和计算都需要进行多种信息处理，发育障碍的孩子认知发育不平衡，学习数学有困难。但每个人遇到的困难和解决办法都是不同的，有些孩子善于用视觉，有些孩子善于用听觉。了解孩子的感觉特征是帮助孩子解决困难的第一步。

● 抽象概念具象化的能力弱

数字本来就是抽象概念。有些孩子难以把抽象的概念具象化，这导致他们难以在脑中计算，遇到算数问题就感到困难。

用图像表达应用题

应用题一般是由分配、数量关系、提问构成的。把这三个部分分别用图像来表现，会比较容易理解。另外，也可把数字和关键词圈起来。

家里有很多橘子。

姐姐吃了2个。

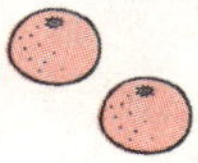

客人吃了4个。

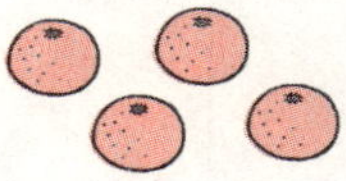

还剩下3个。

家里原来有几个橘子？

2 + 4 + 3 =9　　答案 **9个**

有时候，虽然孩子知道如何计算，却不理解应用题的题意。即使这样，这些孩子还是可以理解问题的，只是因为他们对问题的理解方式与常人不同而已。例如，告诉孩子“一共有多少”的问题要做“加法”，他们就可以独立解答这类问题了。

就算发育障碍的孩子赶不上擅长学习的孩子，但只要让他们抓住理解问题的诀窍，他们就会不断进步。找到“哪个孩子用哪种方式比较容易理解”的方法，是摆在父母和老师面前的问题。

应用篇

理解的方式因人而异

同一个问题即使两个孩子均解答不出，他们理解问题的方式也不一定相同。例如学习“7+8=15”的数量关系时，有些孩子以10为基准，用“7加多少等于10”的思考方式比较容易理解，有些孩子以5为基准，用“7=5+2”的思考方式比较容易理解。

7	+	8	=	15
↑		↑		↑
10−3		10−2		20−5=15

7	+	8	
↑		↑	(5+5) 10 + (2+3) 5 =15
5+2		5+3	

学习技能 记笔记

学不会记笔记，不仅无法完成课业，还会对学习造成更严重的影响。很多孩子在这方面遇到困难，是因为没人教给他们记笔记的方法。

不擅长记笔记的理由

第1步

找出原因

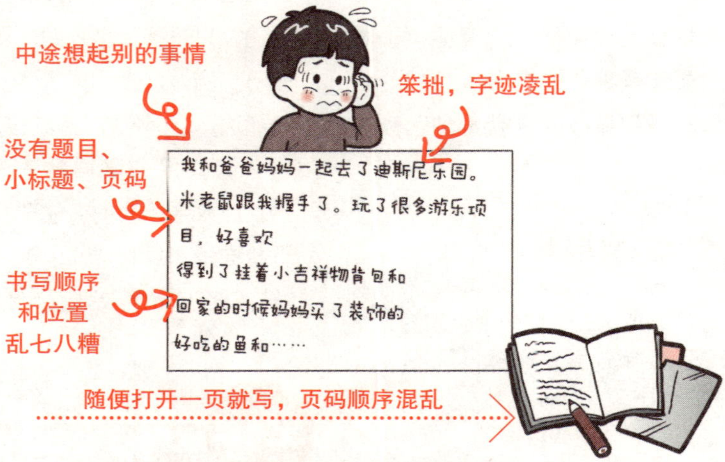

详细地教给孩子如何记笔记及巧用笔记本

第2步

用心解决

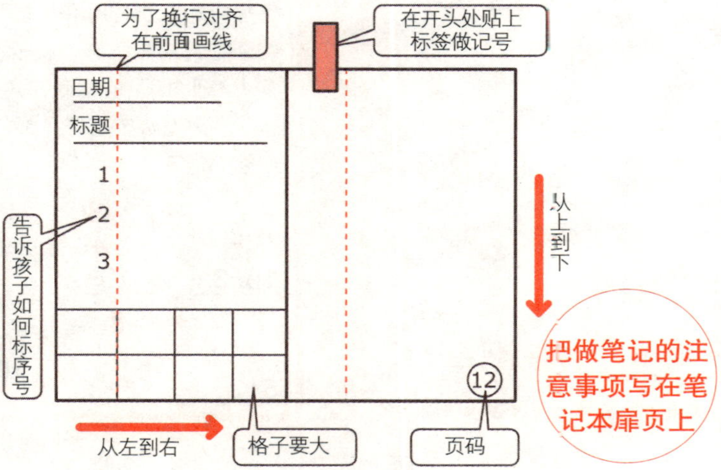

试试“更顺利的方法”

有些孩子虽然努力做事，却无法顺利做好，积累了很多失败的经历。这些孩子不喜欢被别人提意见，也不喜欢别人评论自己的做事方式。不要对孩子说“这样不行”“你错了”这种否定的话，要对孩子说“有个可以更顺利的方法，试试看”。

记笔记有困难怎么办

“记笔记”需要在短时间内一边记下讲课的内容，一边还要加以理解，这需要手脑并行处理。对于记忆方面有困难的发育障碍儿童来说，这是重大难关。但是，无法记笔记就可能做不好文字和计算的练习，甚至会漏掉应当学习的东西，无法在课后复习功课。这对学习有相当大的影响。另外“过滤重要信息”的能力在进入社会工作时也是很重要的。

孩子虽然很努力却无法顺利做好，这主要是由于大人没有好好教给他们怎么做。教给孩子方法并坚持练习，孩子一定会有改善。

注意力分散

一开始孩子在认真抄写板书，但可能在中途就被别的东西吸引了注意力，甚至沉浸在空想的世界中。在这时，需要老师提醒“男生小D走神了”。

应用篇　从把样本放在手边抄写开始

做笔记的时候，把黑板上的文字转化为笔记本上的文字，是一件手眼并用的复杂工作。从把别的孩子记好的笔记放在手边抄写开始吧。解决这个问题，也可以准备填空式的讲义，从书写关键词开始的练习方法。

为青春期打下基础 了解自己

人越不自信，就越难以肯定自己。“虽然这里做得不好，但是那里做得很好”，教给孩子这种发现自我、建立自信的方式很重要。

第1步

了解自己的优点和缺点

第2步

把缺点用具体行为表现出来

第3步

商量解决问题的办法

告诉孩子如何应对不擅长的事

通常在毫无准备的情况下孩子无法独自做好不擅长的事，但是通过练习抓住诀窍，孩子就能逐渐掌握应对要领。一味地关注做得不好的方面会导致孩子自卑。告诉孩子即使是大人也有不擅长的事，对孩子说“来做个找到诀窍的练习吧”，孩子会积极投入训练。

多留意孩子的优点

把优点当成具体“行动”看待吧。了解的事、经常被表扬的事、擅长的科目，家长留意孩子做得到的这些事很重要。

● 要自我肯定

有发育障碍的孩子往往无法客观地看待自己的行为，他们弄不清楚自己应该怎么做才好，怎么做事才会顺利。“不能像大家一样做好就是废物”，像这种周围人的评价通常是导致发育障碍的孩子否定自我的原因之一。

把对自我的认识加以整理并体系化，让孩子意识到“自己也有优点”。而且，累积被周围夸奖和认同的经验，可以增强孩子的自信心。

的确，有发育障碍的孩子有很多事不太擅长，但不能因此让孩子有“反正我就是个废物”的想法，而要让孩子拥有“虽然不擅长这件事，但是我会做那件事”的积极观点。理解自己是什么样的人，对于将来从青春期到长大顺利进入社会也很重要。

应用篇 不伴随行动的话是没有效果的

只做到了解自己的情况，没有学到在为难的场面怎么做等实际的技能的话，是没有效果的。很多孩子虽然能像解说员一样说出自己的行为，但是他们遇事往往不能做出合适的反应。像“有发育障碍所以不会做”“我是特别的所以就这样也无所谓”的借口，只能造成孩子很多事都做不好的后果。这样一来，孩子就很自卑，做出“反正我是废物”的自我评价。

即使孩子的特征决定有些事做起来“注定”不那么顺利，但是那些在社会上生活所必需的技能一定要让孩子掌握。在这种意义上，正确地理解自身的行为，意识到自己“在某种程度上可以做好”很重要。

为青春期打下基础

适应集体生活

只要在社会中生活，就免不了与人交往。学校生活是为将来的社会生活打基础。在青春期前，理解集体生活的规则，并在其中轻松地生存很重要。

从发育障碍的特征入手

不能适应变化

他人的注意力指向自己时就生气

偏执，不听指令

容易在班级里受到阻碍，造成孩子发怒

及时察觉孩子的状态，给予帮助

- 当孩子话多时以拍肩膀为信号

- 同学的帮助很重要

让孩子遵守集体指令和规则

- 把“潜规则”明确地说出来
- 多跟孩子确认几次
- 孩子破坏规则时不要生气，而是表扬孩子遵守规则的部分

描绘幸福的未来

为了将来成为独立生活的成人，要让孩子拥有“虽然有短处，但我也有长处，我一定行”的自信。为此，要用肯定的观点看待孩子，让孩子在内心中累积别人认可自己的积极看法。

从出生到现在累积的经验，会决定孩子将来的道路。为了让孩子拥有自信、幸福的心态而努力吧。

● 不擅长交流就无法塑造自己

发育障碍孩子有冲动、注意力不集中、难以理解感情、不会看状况行事、刻板行为等问题，遵守集体生活的规矩也有些困难。这些问题很容易导致孩子的失败经历以及被训斥的经历不断增加，甚至在班级中受到排挤。孩子本人也会因此失去参加集体生活的欲望。有些孩子虽然看起来没有问题，但其实他们非常痛苦。难以得到“你是个好孩子”的评价，就无法建立自信、塑造良好的自我形象，这样自我形象会变得不明确，对自我的评价越来越低，并陷入恶性循环。

进入青春期后，孩子身上的问题会越来越严重。很多人在青春期出现了忧郁症、强迫症、自残、饮食障碍、暴力等问题。

● 自我认知很重要

有很多有发育障碍的孩子从小就有类似“我变成这样，是由于那时候那个人对我说了那种话”“反正我是个废物”的想法。所以在他们进入青春期之前，能否与别人加深交往，塑造自信的自我形象，是一件很重要的事情。

另外，对自我不了解的孩子将来很难独立生存。让孩子接受自己不擅长的部分，认为这样的自己也很好，孩子才能用自己的双脚独立，并坚定地走下去。趁现在让孩子尽可能理解自己的特征，学习如何在集体中生活，是孩子学会独立生活的第一步。让孩子明白，与自己相关的事物建立一定的关系，是很重要的。

掌握窍门就会越来越好

男生小A最近也
参加大扫除了。
塞上耳塞就
没问题了。
女生小B也有进步，
不会僵在原地了！
我还能吃
胡萝卜呢！
嗯，我知道了，
遇到麻烦的时候
只要问老师该
怎么办就行了。
我也能转换心情，
不会一直想
不高兴的事了。

男生小D，
会好好做笔记了。
5
我都是向女生小B请教的，麻烦你了。
不用谢。
6
弄懂了汉字偏旁和部首之后就能记住了！
海
偏旁
7
我会骑自行车喽！
8

讨厌和不擅长的事情，只要了解如何做好它们的诀窍，慢慢就能做得越来越好。为了成为优秀的人，不断增加会做的事情吧。

大家都非常努力呀！
大家马上就要升中学了，说说你们想成为什么样的中学生吧！
13
我想要挑战运动会的项目。
我希望自己不乱发脾气，变得更帅。
14
我希望自己能主动与人说话，并交上朋友！
15
大家都继续努力吧！
16

男生小A，把橡皮放下。
大家看这里。